U0725488

如何做好调查研究

崔禄春◎主编

人民出版社

责任编辑：王世勇

图书在版编目（CIP）数据

如何做好调查研究 / 崔禄春主编 . —北京：人民出版社，2023.8
ISBN 978-7-01-025775-4

Ⅰ . ①如… Ⅱ . ①崔… Ⅲ . ①调查研究 Ⅳ . ① C31

中国国家版本馆 CIP 数据核字（2023）第 112708 号

如何做好调查研究
RUHE ZUOHAO DIAOCHA YANJIU

崔禄春 主编

人民出版社 出版发行

（100706 北京市东城区隆福寺街 99 号）

三河市龙大印装有限公司印刷 新华书店经销

2023 年 8 月第 1 版 2023 年 8 月北京第 1 次印刷

开本：710 毫米 × 1000 毫米 1/16 印张：18

字数：200 千字

ISBN 978-7-01-025775-4 定价：68. 00 元

邮购地址 100706 北京市东城区隆福寺街 99 号

人民东方图书销售中心 电话（010）65250042 65289539

版权所有·侵权必究

凡购买本社图书，如有印制质量问题，我社负责调换。

服务电话：（010）65250042

第四章　全党大兴调查研究的方法步骤和工作要求

第五章　提高调查研究能力要处理好几大关系

第六章　调查研究资料的分析与运用

调查研究是党员干部的基本功和必备能力

调查研究是马克思主义世界观和方法论的集中体现，是党的思想路线和群众路线的内在要求。调查研究不仅是一种工作方法，而且是关系党和国家事业得失成败的大问题。习近平同志曾强调：重视调查研究，是我们党在革命、建设、改革各个历史时期做好领导工作的重要传家宝。马克思主义的辩证唯物主义、历史唯物主义世界观和方法论，党的实事求是的思想路线，党的从群众中来、到群众中去的根本工作路线，都要求我们的领导工作和领导干部必须始终坚持和不断加强调查研究。只有这样，才能真正做到一切从实际出发、理论联系实际、实事求是，真正保持党同人民群众的密切联系，也才能从根本上保证党的路线方针政策和各项决策的正确制定与贯彻执行，保证我们在工作中尽可能防止和减少失误，即使发生了失误也能迅速得到纠正而又继续胜利前进。回顾我们党的发展历程可以清楚地看到：什么时候全党从上到下重视并坚持和加强调查研究，党的工作决策和指导方针符合客观实际，党的事业就顺利发展；而忽视调查研究或者调查研究不够，往往导致主观认识脱离客观实际、领导意志脱离群众愿望，从而造成决策失误，使党的事业蒙受损失。

党的十八大以来，以习近平同志为核心的党中央在继承我们党重视调查研究优良传统的基础上，更加注重从党和国家事业全局高度、从党的干部队伍建设实际需要出发，号召全党继续保持和发扬调查研究的优良传统，深入实际、深入群众，研究和解决问题，获得领导工作的主动权。同时，习近平总书记又身体力行认真开展调查研究，为全党同志作出了示范和表率。为深入学习贯彻习近平新时代中国特色社会主义思想，全面贯彻落实党的二十大精神，2023 年 3 月，中共中央办公厅印发了《关于在全党大兴调查研究的工作方案》，并发出通知，要求各地区各部门结合实际认真贯彻落实。在全党大兴调查研究，要坚持以习近平新时代中国特色社会主义思想为指导，全面贯彻落实党的二十大精神，紧紧围绕党的理论和路线方针政策、党中央重大决策部署的贯彻执行，大力弘扬党的光荣传统和优良作风，突出问题导向和目标导向，突出解决实际问题。

党员干部是调查研究的主体。广大党员干部能够普遍认识和理解调查研究的重要性，自觉提高调查研究的本领和能力，这对新时代干部队伍建设、全面建设社会主义现代化国家，具有十分重要的意义。党员干部要充分认识到，开展调查研究是为了掌握第一手材料，从基层获得第一手信息，掌握真实情况，形成真知灼见，以利于作出正确的决策、贯彻落实好上级部署、有效推动本地区本部门工作。这才是调查研究的真正目的和意义所在。决不能把调查研究作为留声留影、出镜露脸的途径，作为沽名钓誉、突出自我的手段。广大党员干部特别是领导干部要扑下身子察实情、谋实招、干实事、求实效，在调查研究中不断提高领导水平和工作能力。2020 年 10 月 10 日，习近平总书记在中央党校（国家行政学院）中青年干部培训班开班式上的讲话中，强调年轻干部要提高"七种能力"，"提高调查研究能力"被摆在解决实际问题必备能力的重要位置，并指出："调查研究是做好工作的基本功。一定要学会调查研究，在调查研究中提高工作本领。调查研究要经常化。"提高调查研究能力，既是对年轻干部的特殊要求，也是对全体党员干部的共同要求。习近平总书记强调提高调查研究能力，既是对党员干部素质能力的系统要求，更是具有特殊的现实针对性。

调查研究是做好工作的前提，调查研究能力是必备的基本功，是领导干部素质和水平的体现。然而，我们也常常发现，面对当前我国发展中面临的复杂环境，一些年轻干部不知怎样认识调查研究，对于怎样提高自己的调查研究能力也找不到门路。如何提高调查研究的能力和本领？广大党员干部必须正确认识和科学回答这些问题，职务越高越要重视调查研究，面临的矛盾问题越复杂越要调查研究，越是重大决策越要主动调查研究。

首先，从根本上看，调查研究是我们党创造新时代中国特色社会主义伟大成就的重要法宝。党的十八大以来，以习近平同志为核心的党中央高度重视调查研究工作，习近平总书记对此作出一系列重要论述和重要指示批示，强调指出，调查研究是谋事之基、成事之道，没有调查就没有发言权，没有调查就没有决策权；正确的决策离不开调查研究，正确的贯彻落实同样也离不开调查研究；调查研究是获得真知灼见的源头活水，是做好工作的基本功；要在全党大兴调查研究之风。从党的群众路线教育实践活动到"三严三实"专题教育，从"两学一做"学习教育到"不忘初心、牢记使命"主题教育，从党史学习教育到学习贯彻习近平新时代中国特色社会主义思想主题教育，每一次党内学习教育都对调查研究提出明确要求，调查研究也都成为党内学习教育的重要内容。

其次，调查研究是党员干部做好各项工作的基本功。调查研究的目的是把事情的真相和全貌调查清楚，把问题的本质和规律把握准确，把解决问题的思路和对策研究透彻。对于党员干部来说，每天都要面对不同性质、不同类型的决策问题。正确的决策从哪里来？来自深入细致的调查研究，来自对大量第一手材料和信息的正确分析和研判。调查研究必须坚持问题导向和目标导向。毛泽东曾形象地说："调查就像'十月怀胎'，解决问题就像'一朝分娩'。调查就是解决问题。"依靠调查研究作决策，也是陈云坚持实事求是的思想方法和工作方法。每逢重大决策之前，陈云总要做大量调查研究，听取多方面意见。他强调："领导机关制定政策，要用百分之九十以上的时间作调查研究工作，最后讨论作决定用不到百分之十的时间就够了。"这就要求我们必须把解决实际问题作为调查研究的出发点和落脚点。习近平总书记指出，"要教育引导各级党组织和广大党员、干部突出问题导向""把问题整改贯穿主题教育始终"。问题是时代的口号、时代的声音，每个时代总有属于它自己的问题。当前，世界百年未有之大变局加速演进，不确定、难预料因素增多，国内改革发展稳定面临不少深层次矛盾躲不开、绕不过，各种风险挑战、困难问题比以往更加严峻复杂。开展调查研究，必须聚焦实践遇到的新问题、改革发展稳定存在的深层次问题、人民群众急难愁盼问题、国际变局中的重大问题、党的建设面临的突出问题，特别是聚焦这次主题教育要着力解决的 6 个方面的问题、《关于在全党大兴调查研究的工作方案》列出的 12 个方面的重点问题，不断提出真正解决问题的新理念新思路新办法。

最后，调查研究要密切联系群众，要有人民情怀。调查研究是深入实际、深入基层、深入群众的过程，也是践行党的群众路线的基本途径。党员干部要始终保有人民情怀。深厚的人民情怀既是我们党全心全意为人民服务根本宗旨的现实要求，也是以人民为中心的发展思想的具体体现。年轻干部如果缺乏人民情怀，就很容易摆不正自己的位置。缺乏认真的调查研究，必然引发群众的反感。如此调查研究得出来的结论必然假、大、空，依靠如此结论作出的决策无助于问题的解决。当然，如果人民情怀不深，就很容易"下得去"但"沉不进去"。虽然进村入户，但不能与群众促膝谈心；虽然问计于民，但容易偏听偏信。增强人民情怀，首要的是放低姿态到群众中去，拉近与群众的空间距离；以诚心打动群众，用诚心换真心，拉近与群众的心理距离。让群众多说话，认真听取群众意见，做好群众的"听众"；让群众说真话，认真思考群众说话的语气、情绪，发掘群众的睿智话语。同时，要多听多问多了解，认真倾听，却不偏听；相信群众，却不偏信，从而获得对问题的全方位认识。在此基础上，要对群众的意见进行认真研究，全面分析，鉴别真伪；仔细分析，分清主次，从而找准群众的真实心声。要牢记"得民心者得天下"的古训，放下架子、扑下身子，深入群众中间，才能在感情上贴近群众、在工作中依靠群众，真正赢得群众的信任、支持和拥护，真正践行"从群众中来，到群众中去"

的群众路线。这样，不仅会使我们的政策更接地气，还能增进群众感情，离群众近了，形式主义、官僚主义的东西就少了，真正听到实话、察到实情、获得真知、收到实效。

当前，在一些党员干部中存在不重视调查研究、不善于调查研究的问题，甚至严重到"病症"的程度。有的是脚不沾泥、身不染土的"作秀式"调研，或居高临下、装模作样，或走马观花、蜻蜓点水；有的是走"经典路线"的"盆景式"调研，看示范样板，听标准汇报，变成"精品游""盆景展"；有的是只注重调研形式的"脱节式"调研，调而不研，只做材料的统计师、收集员，不做材料的分析师、研究员；有的是先入为主、按图索骥的"框框式"调研，带着框子找例子，带着论点找论据，把调查研究变成结论的预设。这样的所谓"调查研究"，不仅解决不了问题，还容易带偏决策方向。上述问题的存在，已经严重影响到党的决策部署的贯彻执行，严重影响党的形象。如何破解这些"病症"？良药就是大兴调查研究之风，推动党员干部"在游泳中学会游泳"，以更大决心和行动投入调查研究，在调查研究的实践一线中提高调查研究的能力和素质。

身处大有可为的新时代，各级领导干部必须认真学习、深刻领会、积极践行习近平总书记提出的提高调查研究能力的要求，积极投身新时代中国特色社会主义伟大实践，经风雨、见世面，真刀真枪锤炼能力，以过硬本领展现作为、不辱使命，在调查研究中科学决策、踏实工作，从而将全面建成社会主义现代化强国之路走得坚实而有力。

第一章

调查研究的内涵及重要意义

提升党员干部的调查研究能力，首先需要搞清楚调查研究和调查研究能力这两个基本概念。这是我们探索新时代调查研究工作规律、提高调查研究能力的重要前提。

第一节　调查研究的概念和内涵

调查研究属于社会学的研究范畴。19世纪中期法国哲学家孔德出版了《实证哲学教程》，标志着社会学的产生。随着社会学的产生，调查研究这门科学随之也产生了。我们探讨的不是社会学意义上的调查研究，而是党员干部工作实践中的社会调查研究，这一概念的主体是党和政府机构或者党员干部个体。

一、调查研究的概念

调查研究有广义和狭义之分，广义的调查研究是人们实地了解社会事物和现象的活动和方法；狭义的单指社会研究方法上的技术。从词源意义上看，调查研究是由调查与研究两个词构建起来的。调查是指人们通过各种方法有计划、有目的地了解事物的真实情况；研究则是指对调查材料进行去粗取精、去伪存真、由此及彼、由表及里的思维加工，以获得对客观事物本质和规律的认识。调查研究的概念则是把二者综合起来，其科学含义是，人们深入现场进行考察以探求客观事物的真相、性质和规律的活动，是人们认识社会的方法、技能和手段。由此可知，调查研究的对象是客观事物和社会生活，主体是生活在社会中的人或者机构。调查研究是包含调查与研究两个内容、两个环节的集合体，这两方面内容既有区别又紧密关联。调查是研究的前提和基础，研究是调查的发展和深化。所谓"三分调查，七分研究"就是这个道理。调查的是问题的真相，研究的是问题的本质。因此，在实践中，我们既要重视调查更要重视分析研究，对调查出来的问题进行梳理分类，分清共性问题和个性问题、主要问题和次要问题等，透过纷繁复杂的现象抓住事物的本质，从偶然性问题发现必然性，由感性认识上升为理性认识，做到调查与研究的完美结合。

那么，如何理解党员干部的调查研究工作？其内涵是固定的，特指党员干部运用马克思主义的立场观点方法，科学地了解情况、认识社会，进而分析、研究、解决问题、把握规律的过程。马克思、恩格斯十分重视对社会实际的调查与研究，他们从社会生活本身出发来研究社会，在社会调查和收集、分析资料的基础上完成了一系列著作，创立了科学社会主义理论。恩格斯通过对英国工人的工作条件、工资收入、衣食住行、健康教育水平等作的详细调查研究，写出《英国工人阶级状况》一书。马克思的《资本论》，就是他对资本主义社会进行长期调查研究而撰写出来的鸿篇巨制。在《资本论》写作过程中，马克思参考了1500多种书籍和各种档案材料，做了数十本笔记，深入西欧国家的一些工厂、村落进行实地考察。1880年，马克思拟定出调查法国工人阶级受剥削状况的《工人调查表》，列举了4大类近100个具体问题，包括劳动强度、劳动时间、劳动环境等基本情况。我们党历来重视调查研究，党的历代中央领导人在调查研究的理论和实践方面，都为全党树立了光辉的典范，他们认真调查研究中国国情，把马克思主义基本原理同中国革命、建设、改革具体实际相结合，先后创立了毛泽东思想、邓小平理论、"三个代表"重要思想、科学发展观和习近平新时代中国特色社会主义思想，引领中华民族迎来了从站起来、富起来到强起来的伟大飞跃。

二、党员干部调查研究的基本特征

党员干部所进行的调查研究工作，不同于学术领域的调查研究，具有自身鲜明的特点。

一是政治性。党员干部开展调查研究，必须增强政治意识，善于从政治上看问题，善于把握政治大局，不断提高政治判断力、政治领悟力、政治执行力。在具体的调查研究工作中，要坚持正确的政治方向，善于从政治上研判形势、分析问题，对照党中央提出的"十四五"时期经济社会发展主要目标和2035年远景目标，紧扣高质量发展这个主题，立足新发展阶段、贯彻新发展理念、构建新发展格局，坚持问题导向，自觉在党和国家工作大局下想问题、作决策。否则，即使作了调查研究，由于与中央要求不一致，不能从政治上把握问题的性质，就会犯方向性错误，更不能解决现实问题。

二是人民性。党员干部进行调查研究，必须坚持人民至上，时时刻刻把人民放在心上，这样才能调研到实情，研究出真成果。只有坚持人民情怀，才能真心实意地走进群众，拉近与群众的距离，认真听取群众意见，找到群众最关心、最直接、最现实的问题，看到实情、听到真话、取到"真经"，取得满意的成果。否则，调查研究得出来的结论只能是悬在空中的形式主义、官僚主义式的"假调研""作秀调研"。

三是实践性。党员干部进行调查研究，是带着问题下去，为了解决实践中存在的问题，抓准问题调查研究，通过调查研究积极解决问题。具体说来，党员干部进行一项调查研究，事先都有明确的目的，是为了解决一些全局性管长远的宏观问题，或者是一些微观性的具体现实问题。这就需要深入基层、深入一线，了解各种新情况，认真总结群众创造的新经验，从实践中找到切实可行的解决之策，从而使调查研究有的放矢，同中心工作和决策需要紧密结合起来，更好地为党委和政府科学决策服务。党员干部的调查研究工作，一定要克服只调查不研究或只研究不调查的倾向，还要避免学究式、书斋里的研究，增强实用性。

四是科学性。党员干部进行调查研究，要采用行之有效的科学调研方法，积极运用调查研究的技术、方法，提高调查研究工作的质量和水平。要制订科学的调研方案，做到周密、科学、操作性强，在调查研究中积极运用科学的调研方法，包括收集数据和事实的科学方法，对收集的资料进行科学的分析研究和思维加工，得出规律性的认识。

三、党员干部调查研究的分类

党员干部调查研究的类型，不同于学术上的分类。根据不同的标准，党员干部调查研究类型可以作出不同的划分，主要从调查研究的目的、范围、深度、内容等方面划分。

一是理论性调查研究和应用性调查研究。根据调查研究目的，可分为理论性调查研究和应用性调查研究。理论性调查研究是以揭示某一方面重大理论问题而进行的调查研究工作。比如，对我国社会主要矛盾的变化进行的调查研究，需要通过经济社会发展资料的收集分析，到中央有关部门和地方进行实地考察，从而得出一些理论性的结论。应用性调查研究则是以解决现实问题、提出具体政策建议而开展的调查研究，包括总结推广经验、揭露现实问题、政策科学性研究等目的，通常以研究报告或者资政内参的形式直接服务于党和政府的决策。

二是普遍性调查研究和典型性调查研究。根据调研对象范围，可分为普遍性调查研究和典型性调查研究。普遍性调查研究是对调查对象的全部进行调查获取材料并进行研究的调查研究，范围涵盖广、时间长，获取材料全面，可以把握整体状况，得出具有普遍性的结论。典型性调查研究具有个案性质，是从调查对象中选取具有典型意义、代表性的个体进行深入细致的调查研究，通过"解剖麻雀"来概括同类调查对象的一般性规律和根本特征。典型性调查研究优点很突出，具有广泛实用性，是党员干部进行调查研究的最优选择类型。

三是资料性调查研究和分析性调查研究。根据调查研究的深度，可以作这两类区分。资料性调查研究突出资料的收集合成，突出对调查对象相关资料的汇集，经常采用访谈法、问卷法、文献法等调研方式，主要回答"是什么"的一种调查研究形式。分析性调查研究侧重于对调查资料的分析思考，透过现象看本质，经常采用定量和定性分析的方法，主要回答"为什么"的调查研究方式。

四是综合性调查研究和专题性调查研究。这是根据调查研究内容的广度来区分的。综合性调查研究课题重大，内容全面，具有普遍的指导意义，往往是制订或修订方针政策或重大决策的依据。全面总结性调查报告和社会情况调查报告都属于综合性调查研究一类。专题性调查研究问题集中、针对性强，内容比较专一，能够较为深入地研究某一专题性内容，从而精准解决问题。当然，综合性调查研究和专题性调查研究的区别是相对的，一次成功的调查研究往往是综合性调查研究和专题性调查研究的结合，有的综合性调查研究就是在专题性调查研究的基础上形成的。

第二节　调查研究能力的概念及其构成要素

调查研究能力是党员干部的必备能力。党员干部要在实践中常学常练这项基本功，练就调查研究的真功夫。

一、调查研究能力的含义

调查研究能力是党员干部的必备能力。过去，我们通常称之为调查研究的素质和本领。明确提出调查研究能力概念并将其作为领导能力重要组成部分加以强调，是习近平总书记 2020 年 10 月 10 日在中央党校（国家行政学院）中青年干部培训班开班式上的重要讲话中第一次提出来的。他明确指出，面对复杂形势和艰巨任务，我们要在危机中育先机、于变局中开新局，干部特别是年轻干部要提高政治能力、调查研究能力、科学决策能力、改革攻坚能力、应急处突能力、群众工作能力、抓落实能力，勇于直面问题，想干事、能干事、干成事，不断解决问题、破解难题。这里，习近平总书记把调查研究能力作为干部必备的"七种能力"之一突出强调，具有重要的理论创新意义和强烈的现实针对性。

调查研究能力属于专门能力，是领导能力的重要组成部分，是党员干部顺利完成调查研究工作中展示出来的本领和技能。调查研究能力也有广义和狭义之分。广义的调查研究能力包括从事调查研究工作所必需的一切能力，包括政治能力、调查能力、研究归纳能力、科学决策能力、群众工作能力、抓落实能力、文字工作能力等领导能力的许多方面。狭义的调查研究能力仅指党员干部完成调查研究工作必备的直接能力，可以细化为调查能力、研究能力和成果转化能力。本书主要从狭义调查研究能力入手来探讨这一问题。

党员干部一般都具备一定的调查研究能力，能够从调查中得出一些有价值的结论。但是，党员干部个体的调查研究能力存在高下之分。在日常工作中，人们经常会看到，同样的调查研究问题、同样的调查研究环境条件，由不同的主体去完成，结果差别很大，甚至有云泥之别。同样的问题，有的调查研究者熟视无睹、无动于衷，有的却能够洞察问题的本质、洞悉潜在的问题和风险。这些都是调查研究能力不同造成的实际工作能力和领导能力的差距。党员干部必须向调查研究能力强的同志学习，不断提升调查研究能力。

调查研究能力是一种综合能力。它的构成基本要素包括问题意识、分析归纳能力、政策解读能力、文字综合能力等，是一种综合能力。党员干部要从多方面提高自己的综合素养，自定任务、自加压力，在学习中提升综合调查研究能力。

调查研究能力需要在不断实践的过程逐步提升，调查研究是无止境的过程，是在实践、总结、再实践、再总结的过程中不断进行的。一次调查研究任务完成并不意味着认识问题的结束，而是要不停地进行调查研究。因此，党员干部要结合工作实际主动地、有计划地开展调查研究活动，在实践中训练提升调查研究能力。

二、调查研究能力的基本要素

党员干部调查研究能力基本的构成要素主要有以下几个方面。

第一，发现问题的能力。党员干部进行调查研究，不是为了个人的兴趣，而是为了完成党和政府赋予的任务，是为了解决改革发展稳定中存在的问题。这就要求党员干部从调查研究一开始，就要坚持强烈的问题导向，不搞漫无目的、走马观花式的调查研究，而是真正把调查研究过程作为认识问题、解决问题的过程，谋划工作、推动工作的过程。因此，发现问题的能力是调查研究的第一能力。

提高发现问题的能力，首先要有问题意识。马克思说："世界史本身，除了用新问题来回答和解决老问题之外，没有别的方法。"又说："问题是时代的格言，是表现时代自己内心状态的最实际的呼声。"习近平总书记指出："中国共产党人干革命、搞建设、抓改革，从来都是为了解决中国的现实问题。"党员干部在调查研究中，要提高对存在问题的敏锐性，把"怎么看、怎么办"搞清弄懂，提高发现问题的思想自觉。

其次要深入基层、深入群众。询问群众对现实问题的看法，征求人民群众对经济社会发展和全面从严治党的意见建议，"关起门来""坐在会议室里"是找不出问题的。

最后要把自己摆进去。要结合思想和工作实际，紧紧对照对标中央要求，从实际调查研究工作中找准问题，找出"病症"。

第二，分析研究能力。调查研究，调查是基础，研究是灵魂。同样，调查研究能力，重在研究能力，要在发现问题基础上分析和思考问题。分析研究能力是提高调查研究能力的关键要素。党员干部通过调查研究，收集到许多资料，听到看到许多新情况新问题，这些都需要进行分析研究，揭示问题的本质和规律，从而提出对策建议。如果没有较强的分析研究能力，只能是一堆没有灵魂的材料，一盘散沙，毫无价值。

提高分析研究能力，首先，要掌握过硬的政策理论水平。认真学习马克思主义基本理论尤其是习近平新时代中国特色社会主义思想，掌握马克思主义的立场观点方法，用以指导调查研究全过程。坚持战略思维、历史思维、辩证思维、创新思维、法治思维、底线思维，不断提高运用科学理论解决实际问题的能力，从根本上保证调查研究工作的正确方向。党员干部是宣传政策、贯彻政策、落实政策的主要推动者，要认真学习领会党中央的最新决策部署，提高理解政策、把握政策、运用政策的水平，做好上情和下情的结合。

其次，要坚持辩证唯物主义。党员干部要自觉运用辩证唯物主义的世界观方法论，坚持矛盾分析方法。正如毛泽东所说的："捉住了这个主要矛盾，一切问题就迎刃而解了。"现实问题纷繁复杂，抓不住主要矛盾，就像"螃蟹吃豆腐"，一塌糊涂，毫无重点。因此，调查研究工作要善于抓主要矛盾和矛盾的主要方面，把大量零碎的材料经过分析、综合，加以系统化和条理化，抓住事物的本质，找出它的内在规律，由感性认识上升为理性认识，在此基础上作出正确的决策。

最后，善于运用科学的分析方法。党员干部要根据时代发展和实际情况创新调研方法，善于运用定量和定性相结合的系统研究方法，学会比较辨别方法、分类法、因果分析法、归纳总结法等社会科学方法，从专业社会调查方法和途径中汲取营养，提高自身开展调查研究的技能。

第三，调查研究成果转化能力。发现问题、分析问题是为了解决问题，历史正是在问题的不断产生与解决的循环过程中向前推进的。党员干部调查研究能力，最终的检验就是调查研究成果，这是测试调查研究能力的试金石和度量衡。

要写好调查研究报告。调研报告是调查研究最直接的成果，调研报告的撰写能力是调查研究成果转化的基础和前提。调查研究报告必须秉承实事求是精神，勇于反映真实情况，坚持理论与实际相结合，从客观实际中总结出经得起历史、实践和人民检验的结论。调研报告要开门见山、观点清晰、文风清新，坚持短、实、新，切忌假、大、空，做到观点鲜明、资料翔实、言之有物、文风朴实。

要把调查研究成果转化为切实可行的政策建议。调查研究成果的转化是调查研究活动的最后一个环节。调查研究的最终目的是指导实践，推进工作。当前，一些部门、单位还存在转化不畅问题，调查研究成果与实际工作运用脱节，有的重评奖、轻应用，致使许多有价值的调查研究成果被束之高阁。要建立健全调查研究质量评估机制、调研成果转化机制，推动调查研究成果的转化工作。调查研究政策建议要可行，同时相关部门应积极采纳相关政策建议和经验总结推广，用以指导实际工作。

要服务于科学决策和决策落实。党员干部日常工作中经常需要对问题作出决策、抓好落实。科学决策能力来自哪里？当然来自对问题的调查研究。要将调查研究贯穿决策和执行的全过程，把"走出去"调研和"请进来"调研、实地调研和案头调研、综合调研和专题调研结合起来，切实掌握工作的第一手资料，做到科学决策、规范执行。坚持和完善重要决策调研论证制度，把调查研究贯穿科学决策的全过程，使调查研究真正成为重大决策的必经程序。坚持决策必调查研究，增强决策的科学性、民主化，从而也实现调查研究成果的最大化。要认真做好党中央政策部署与基层落实相结合的文章，防止科学决策"落空"。

三、党员干部提高调查研究能力的基本途径

领导干部提高调查研究能力，不能一蹴而就，也没有捷径可走，只能通过长期的理论学习、思想淬炼、实践锻炼逐步提高。

第一，加强学习，提高理论素养。调查研究者只有具备较强的马克思主义理论修养，才能认清纷繁复杂的社会现象，从海量的材料中找出关键要素，形成正确的决策。要认真学习马列主义、毛泽东思想、邓小平理论、"三个代表"重要思想、科学发展观，尤其是学好用好习近平新时代中国特色社会主义思想，努力掌握贯穿其中的马克思主义立场观点方法，做到真学、真懂、真信、真用。还要广泛学习社会学、心理学、统计学等各方面知识，增加知识储备，不断提高自己的理论水平、政策水平和认识水平。

第二，深入实际、深入基层、深入群众，提高发现问题、研究问题和解决问题的能力。领导干部调查研究主要对象是基层问题和基层群众，要想调研有所收获，必须深入基层、深入群众，多层次、多方位、多渠道地调查了解情况。每到一个地方，要像毛泽东提倡的那样会"察言观色"：看老百姓吃得怎么样，穿得怎么样，脸色怎么样，情绪怎么样。通过对这些现象的"望闻问切"，敏锐捕捉各种有价值的信息材料，把实际情况搞清搞准。在这个基础上进行踱方步、冷思考，把零散的认识系统化，把粗浅的认识深刻化，直至找到事物的本质，进而提炼概括出解决问题的正确办法。

第三，自觉向调查研究的模范学习，借鉴模仿促提升。马克思、恩格斯是调查研究的先驱，正如毛泽东所指出的："认识世界，不是一件容易的事，马克思、恩格斯努力终生，作了许多调查研究工作，才完成了科学的共产主义。列宁、斯大林也同样作了许多调查。"毛泽东、邓小平、江泽民、胡锦涛等主要领导人都十分重视调查研究，亲自践行调查研究，运用调查研究这个传家宝不断进行理论创造和实践创新，推进党和国家事业发展。进入新时代，习近平总书记成为当代中国共产党人善于调查研究的模范，他的调研足迹遍及全国各地，内容涵盖各个领域，"经济发展新常态"、"四个全面"战略布局、"精准扶贫"等新思想新观点新论断，都是在调查研究基础上进行理论思考的成果，给全党同志作出了表率。

第三节　提升调查研究能力的重要意义

调查研究是具有明确目的的认识活动和认识过程，是中国共产党的优良传统和作风。在任何工作中，只有"情况明"，才能做到"决心大"，也才能做到"方法对"。习近平总书记指出，年轻干部要提高调查研究能力。提高调查研究能力，就是为了更好解决实际问题，更好地谋事、干事、成事。

一、调查研究是制定正确决策的前提

调查研究的目的是解决实际问题，并非为了调查而调查。调查研究与解决问题是密不可分的，调查研究是决策的前提，决策是调查研究的结果。什么时候全党从上到下重视调查研究，工作指导方针符合客观实际，党的事业就顺利发展；什么时候忽视调查研究，就会导致主观与客观相脱离，造成工作中的失误，使党和国家事业遭受损失甚至挫折。

调查研究为正确的科学决策提供必要准备。如果对实际情况没有作详细的调查研究，而是凭主观感受作决定，政策往往并不能对实际情况进行正确的指导，问题不仅不能正确地解决，反而可能会带来新的严重问题。例如，我国在 20 世纪 50 年代末发动的"大跃进"给中国经济带来较大损失。关于"大跃进"的经验教训总结有多方面，其中非常重要的一点就是缺乏调查研究。由于"大跃进"和人民公社化运动，特别是"反右倾"以后继续"大跃进"的错误，加上自然灾害和苏联政府背信弃义地撕毁合同，我国国民经济出现了严重困难，国民经济的主要比例关系严重失调，农业和轻工业生产大幅度下降。毛泽东决定在党内开展大兴调查研究之风，要做到情况明、决心大、方法对。经过中央和各中央局，国务院各部门及各省、市、自治区党政负责人深入基层进行调查后，中央对农业、工业等方面进行了调整，使经济得到一定恢复和稳定。由此可见，任何科学的决策，只有在充分调查研究的基础上才可以作出。否则，决策就失去了科学依据，具有较大的盲目性和空想性，给党和国家事业造成损失。

决策过程与调查研究要相辅相成。决策过程必须要进行调查研究。在决策前进行过调查研究并非就可以高枕无忧，执行过程仍要不断进行调查研究。作出正确的决策仅仅是解决问题的第一步，更重要的是执行决策，使决策有效地落实下去。决策执行和落实会遇到各种困难和现实阻碍，如何将理论与实际相结合是一个重大考验。决策是否正确，必须在执行过程中加以验证和充实。正确的决策要继续坚持，不正确的决策需要及时修正甚至放弃。譬如，新民主主义革命时期，中国共产党领导农民进行土地革命，土地改革政策经历了一个不断变化的过程。从没收一切土地归农民到减租减息，再到耕者有其田，都是边调查研究边修订政策。同时，党的领导人也多次深入农村进行调查研究，了解政策得失，及时调整，使土地改革能与实际更加紧密结合，达到较好成效。1948年初，时任西北局书记的习仲勋，曾三次致信党中央、毛泽东，针对土地改革中出现的"左"的问题，比如，提出"贫雇农打江山坐江山""群众要怎么办就怎么办"的错误口号，乱定成分、排斥打击党外人士等，他到绥德县、米脂县、子洲县作了细致的调查研究，指出土改纠偏已到了刻不容缓的地步，主张尽快纠正土改中的"左"倾错误，受到党中央、毛泽东的高度重视，为党中央和毛泽东在1948年4月提出新民主主义时期土地改革总路线和总政策作出了贡献，这一故事在党史上被传为佳话。因此，决策执行过程仍需要进行调查研究，对于行之有效的决策，要坚持下去。要及时迅速反馈执行的信息，修正不完善的决策，或是废除错误决策，使工作效率最大化和真正做到为人民服务。

二、调查研究是克服"四风"的良药

调查研究与执政党建设密切相关。毛泽东曾指出:"在全党推行调查研究的计划,是转变党的作风的基础一环。"[①]"四风"是违背我们党的性质和宗旨的,是当前群众深恶痛绝、反映最强烈的问题,也是损害党群干群关系的重要根源。党内存在的其他问题都与"四风"有关,或者说是"四风"衍生出来的。"四风"问题解决好了,党内其他一些问题解决起来也就有了更好的条件。调查研究是密切联系实际的基本途径,有利于克服形式主义、官僚主义、享乐主义、奢靡之风。

习近平总书记指出:"工作作风上的问题绝对不是小事,如果不坚决纠正不良风气,任其发展下去,就会像一座无形的墙把我们党和人民群众隔开,我们党就会失去根基、失去血脉、失去力量。改进工作作风,就是要净化政治生态,营造廉洁从政的良好环境。"[②]形式主义是知行不一、不求实效,文山会海、花拳绣腿,贪图虚名、弄虚作假;官僚主义背后是官本位思想,严重脱离实际、脱离群众;享乐主义就是精神懈怠、不思进取,追名逐利、贪图享受,讲究排场、玩风盛行;奢靡之风就是铺张浪费、挥霍无度,大兴土木、节庆泛滥,生活奢华、骄奢淫逸。

---

① 《毛泽东选集》第三卷,人民出版社 1991 年版,第 802 页。

② 中共中央文献研究室编:《习近平关于全面从严治党论述摘编》,中央文献出版社 2016 年版,第 148 页。

净化政治生态，很重要的一条就是要不断进行调查研究。党员干部进行调查研究可以纠治"四风"。有的领导干部下基层调研走马观花，下去就是为了出出镜、露露脸，坐在车上转，隔着玻璃看，只看"门面"和"窗口"，不看"后院"和"角落"，群众说是"调查研究隔层纸，政策执行隔座山"。这是犯了形式主义的错误。进行调查研究，必须是有用有效的调查研究，党员干部要深入群众，想百姓所想，察百姓所察。要解决实际问题，单靠坐在办公室里发号施令，在文山会海中忙忙碌碌是不行的。如果要了解新发展理念如何在基层实践，就要实地考察，如何转变发展方式，优化发展思路，实现生态效益和经济社会效益相统一，走出一条生态优先、绿色发展的新路子。从调研中体民情、知民意，更好做到全心全意为人民服务，克服"四风"。

三、调查研究可以培养优秀的党政干部人才

调查研究工作对于调研人员有着较高的要求。调查研究是一项实践性、科学性的工作，调研人员要具有正确的世界观、人生观、价值观，还要具备一定的专业素养。调查研究的过程也是培养和锻炼党员干部综合素养和领导能力的过程。

调查研究需要调研人员具备良好的政治素养和较强的专业技能。习近平总书记高度重视人才在社会发展中的作用，他强调，在中国特色社会主义建设者中，人是最关键的因素，是撬动所有资源的密钥，是最为基础和重要的决定性资源，党执政兴国的根本资源是人才资

源。"坚持党管人才原则，把各方面优秀人才集聚到党和国家事业中来。广开进贤之路，广纳天下英才，是保证党和人民事业发展的根本之举。"① 当前，党政人才的需求更多倾向于"通用型"人才，需要对各个方面各个领域都有所涉猎。怎样培养这种"通达之才"？很重要的一条途径就是从调查研究中培养、历练。如果党员干部有良好的知识储备，就能在调研过程中面对问题和现象有更深入的剖析和把握。否则，就不能在调研过程中发现更多、更深层次的问题并剖析其原因。更为重要的是，调研人员必须有良好的人民情怀和政治素养，如果政治能力不强、人民情怀不深，调研中就不会真正体会到群众的疾苦，不能理解群众的困难，更无法站在群众的角度思考问题，更不能培养党员干部密切联系群众的工作作风。因此，要重视从调查研究中培育优秀党员干部。

调查研究是培养人才的一种途径。调查研究过程中，调研人员可以在实际工作中深刻体会基层的状况及其面临的主要问题，并通过调查和思考，实事求是地、有针对性地解决当地实际困难。党员干部可以在基层探寻决策的落实与矛盾之处，并找出原因和解决办法；在基层调研中，能够发现更多的问题，并作出系统的整理和文字总结，培养逻辑思维能力。

---

① 中共中央文献研究室编：《十八大以来重要文献选编》（上），中央文献出版社 2014 年版，第 41 页。

第二章

调查研究是做好各项工作的基本功

事实是真理的依据，实干是成就事业的必由之路。这也是"空谈误国，实干兴邦"的真谛。我国革命、建设、改革的历史反复证明，只有制定符合实际的政策措施，采取符合实际的工作方法，党和国家事业才能走上正确轨道，才能取得人民满意的成效。调查研究是党的工作中为科学决策提供最基本事实根据的工作方法和研究方法，是党员干部做好工作的基本功，决定着工作的质量与成效。

第一节　没有调查，没有发言权

"没有调查，没有发言权"这一著名论断出自毛泽东 1930 年 5 月的《反对本本主义》。为加强调查研究工作，让广大党员干部深刻理解调查研究对于做好一切工作的重要意义，毛泽东提出了这一著名论断，为中国共产党的发展壮大提供了重要工作方法指导。"没有调查，没有发言权"这句话简明易懂，它告诉我们，当你对某个问题未作深入调查、不了解其状况前，就应当停止对这个问题的发言。我们并非为了发言而发言，最终目的是解决问题。中国共产党已经走过 100 多年的历程，调查研究工作是关系党和国家事业得失成败的大问题。在这个意义上说，没有调查研究，就没有党的正确决策。100 多年来，我们党把马克思主义基本原理与中国国情相结合，在领导人民进行革命、建设、改革的不同历史阶段，创立指导自己行动的科学理论，制定得到人民群众拥护的正确路线方针政策，战胜前进道路上的各种艰难险阻，不断夺取新的胜利，都是同践行"没有调查，没有发言权"这句至理名言分不开的。

一、"没有调查，没有发言权"的提出和实践

调查研究作为一种方法，最重要的意义和作用，就在于毛泽东所一贯坚持的，"没有调查，没有发言权"。毛泽东指出，"离开实际调查就要产生唯心的阶级估量和唯心的工作指导，那末，它的结果，不是机会主义，便是盲动主义"①。毛泽东还认为，深入地进行调查研究是克服主观主义、官僚主义的根本方法，"在全党推行调查研究的计划，是转变党的作风的基础一环。"②

毛泽东一生都在努力贯彻和实践调查研究这一工作方法。毛泽东在湖南省立第一师范学校学习时，就经常利用课余时间访问附近的工农群众。1918—1919 年，为看望赴法勤工俭学预备班的湖南青年、了解工厂生产和收益情况以及工人的生活状况，毛泽东先后两次到北京

---

① 《毛泽东选集》第一卷，人民出版社 1991 年版，第 112 页。
② 《毛泽东选集》第三卷，人民出版社 1991 年版，第 802 页。

近郊的长辛店铁路工厂进行实地调查。

中国共产党成立初期，毛泽东先后四次到江西安源煤矿展开调查，通过对工人的状况进行深入了解，把调查研究同宣传马克思主义相结合，不仅在工人中播撒了共产主义的火种，还同工人的感情逐渐拉近，更加坚定了毛泽东为无产阶级革命事业奋斗到底的决心。1925年，毛泽东深入工厂、农村，在掌握大量的各个阶级的第一手材料的前提下，写出了《中国社会各阶级的分析》一文。毛泽东在文章中指出："谁是我们的敌人？谁是我们的朋友？这个问题是革命的首要问题。中国过去一切革命斗争成效甚少，其基本原因就是因为不能团结真正的朋友，以攻击真正的敌人。革命党是群众的向导，在革命中未有革命党领错了路而革命不失败的。我们的革命要有不领错路和一定成功的把握，不可不注意团结我们的真正的朋友，以攻击我们的真正的敌人。我们要分辨真正的敌友，不可不将中国社会各阶级的经济地位及其对于革命的态度，作一个大概的分析。"①

1927年初，毛泽东实地考察了湘潭、湘乡、衡山、醴陵和长沙五个县的农民运动。毛泽东考察时间为 32 天，行程共 1400 多里。在此期间，毛泽东广泛接触了农民群众和农民运动干部，接触到了农、工、青、妇各种组织的负责人，并召开了各种类型的座谈会、调查会。以此调查为基础，著名的《湖南农民运动考察报告》问世。毛泽东在文中正确地分析了农村的阶级状况，指出在乡村发展农民武装和建立农民政权的重要性，并着重宣传了相信群众、依靠群众和尊重群众革

---

① 《毛泽东选集》第一卷，人民出版社 1991 年版，第 3 页。

命首创精神的历史唯物主义观点。该报告指出："农民的主要攻击目标是土豪劣绅，不法地主，旁及各种宗法的思想和制度，城里的贪官污吏，乡村的恶劣习惯。""革命不是请客吃饭，不是做文章，不是绘画绣花，不能那样雅致，那样从容不迫，文质彬彬，那样温良恭俭让。革命是暴动，是一个阶级推翻一个阶级的暴烈的行动。农村革命是农民阶级推翻封建地主阶级的权力的革命。农民若不用极大的力量，决不能推翻几千年根深蒂固的地主权力。农村中须有一个大的革命热潮，才能鼓动成千成万的群众，形成一个大的力量。"[1]毛泽东还提出了农民在农民协会领导下需要做的 14 件大事，为农民运动开展工作提供了方法的支持。毛泽东所调查的范围是农民运动较活跃的地方，体现了调查的代表性和典型性。在调查中主要采用开调查会的方式，"在乡下，在县城，召集有经验的农民和农运工作同志开调查会，仔细听他们的报告，所得材料不少"。这是"最简单易行又最忠实可靠的方法"[2]。在考察中，毛泽东都亲自调查并进行记录，亲自整理。据当时陪同的一位同志回忆：那时毛泽东身边带着一个黑皮包，每天把调查来的材料整理好，按问题分别归类，然后一包一包地放进黑皮包里。毛泽东在湖南农村的考察，对于党在土地革命战争时期认识中国国情和制定正确的路线、方针和政策具有重要的指导意义。

1927 年 8 月 7 日，中国共产党在汉口召开紧急会议（八七会议），

---

① 中共中央文献研究室、中央档案馆编：《建党以来重要文献选编（1921—1949）》第 4 册，中央文献出版社 2011 年版，第 113 页。

②《毛泽东农村调查文集》，人民出版社 1982 年版，第 16 页。

会议总结了大革命失败的经验教训，批判和纠正了陈独秀右倾机会主义错误，确定了土地革命和武装反抗国民党反动派的总方针，并把发动秋收起义作为最主要的任务。秋收起义受到挫折后，毛泽东从实际出发，正确地估计了敌强我弱的形势，果断地放弃了继续攻打长沙的计划，命令部队迅速地向文家市集结。为统一行动和认识，毛泽东在文家市召开了前委会议。会议同意了毛泽东的正确主张，决定向敌人力量薄弱的农村进军。在行军途中，毛泽东边广泛深入进行调查研究，边思考党和军队的发展方向问题，最后决定到井冈山创建农村革命根据地。井冈山革命根据地的创立是中国革命由城市转向农村战略转变的开端，是农村包围城市、武装夺取政权道路的起点。毛泽东后来在给中共中央的报告中指出："广东北部沿湖南江西两省边界至湖北南部，都属罗霄山脉区域。整个的罗霄山脉我们都走遍了；各部分比较起来，以宁冈为中心的罗霄山脉的中段，最利于我们的军事割据。北段地势不如中段可进可守，又太迫近了大的政治都会，如果没有迅速夺取长沙或武汉的计划，则以大部兵力放在浏阳、醴陵、萍乡、铜鼓一带是很危险的。南段地势较北段好，但群众基础不如中段，政治上及于湘赣两省的影响也小些，不如中段一举一动可以影响两省的下游。"① 可以看出，以井冈山为中心建立革命根据地是毛泽东经过实际考察和综合考量的结果。

在创建井冈山革命根据地的过程中，为制定符合实际的策略，毛泽东先后到宁冈、永新两地深入群众进行调查研究，先后撰写了《宁

---

① 《毛泽东选集》第一卷，人民出版社1991年版，第79页。

冈调查》和《永新调查》两份系统的调查报告。在调查研究的基础上，毛泽东制定了一系列正确的政策和策略，逐步开辟、巩固和扩大了井冈山革命根据地，并摸索出一套建立农村革命根据地的经验。这一历史时期的调查对于毛泽东来说意义重大，1930年毛泽东回忆过往调查时提到："我过去做过湘潭、湘乡、衡山、醴陵、长沙、永新、宁冈七个有系统的调查，湖南那五个是大革命时代（一九二七年一月）做的，永新、宁冈两个是井冈山时代（一九二七年十一月）做的。湖南五个放在我的爱人杨开慧手里，她被杀了，这五个调查大概是损失了。永新、宁冈两个，一九二九年一月红军离开井冈山时放在山上的一个朋友手里，蒋桂会攻井冈山时也损失了。失掉别的任何东西，我不着急，失掉这些调查（特别是衡山、永新两个），使我时常念及，永久也不会忘记。"[①]

在探索中国革命道路的实践过程中，中国共产党仍然面临许多难题，不仅有来自外部的打击，内部也需要更进一步加强团结和统一思想。1929年毛泽东率军进军赣南闽西，中共中央委派从苏联回国的刘安恭到红四军担任临时军委书记兼军政治部主任，刘安恭的到来使红四军内部本来就有的争论加剧，引发了红四军党内关于建军原则的一场大争论。6月，为解决"前委之下设不设军委"的问题，红四军召开前委扩大会议，会议最终以36票赞成、5票反对集体通过了撤销红四军临时军委的决定，刘安恭被派任第二纵队司令员，陈毅接任红四军政治部主任。尽管如此，争论并未结束，红四军内思想也并未

[①]《毛泽东农村调查文集》，人民出版社1982年版，第41页。

统一。7月29日，前委根据中央指示，决定派陈毅赴上海向中央汇报工作。陈毅根据同周恩来多次谈话和中央会议精神代中央起草并经周恩来审定的给红四军前委的指示信。12月28日—29日，红四军党的第九次代表大会在福建上杭古田召开。毛泽东作政治报告，朱德作军事报告，陈毅传达中央九月来信精神及有关决议，会议讨论了中央的指示，总结了前委的工作，一致通过了毛泽东起草的《中国共产党红军第四军第九次代表大会决议案》，也称古田会议决议。古田会议将历时两年的红四军党内的分歧基本解决。在古田会议决议中，毛泽东提出要反对主观主义。1930年5月，毛泽东开始了第一次对城市进行系统的、全面的调查，也是毛泽东所做的一次"最大规模"的调查——寻乌调查。毛泽东的此次调查，是在中共寻乌县委书记古柏的帮助和组织下进行的。调查对象较为广泛，主要有县、区、乡的干部，有普通的工人、农民，有破了产的商会会长，有赴过乡试的穷秀才，还有在知县衙门管钱粮的已经失业的小官吏。调查的形式主要是以开调查会的方式展开的。调查会由毛泽东自己主持、自己记录。通过调查，毛泽东全面考察和检验了党的土地政策，发现了一些新问题和新情况。在作了寻乌调查以后，毛泽东写了《调查工作》（后改名为《反对本本主义》），旗帜鲜明地指出根本问题是要反对本本主义，坚持一切从实际出发。一切从实际出发，就要真正了解实际，就要进行调查研究。毛泽东在文中指出："你对那个问题的现实情况和历史情况既然没有调查，不知底里，对于那个问题的发言便一定是瞎说一顿。""这种纯主观地'瞎说一顿'，实在是最可恶没有的。他一定要弄坏事情，一定要失掉群众，一定不能解决问题。"①《反对本本主义》是毛泽东多年调查研究工作的理论总结，成为我们党加强自身建设的锐利思想武器。

1930年9月，红一方面军从打长沙回到江西，10月初打开吉安，进到袁水流域，兴国送了许多农民来当红军，毛泽东趁此机会做了一个兴国第十区即永丰区的调查。毛泽东在新余县罗坊镇召开为期一个星期的调查会。调查地点为兴国县永丰区。"永丰区位于兴国、赣县、万安三县的交界，分为四个乡，旧凌源区为第一乡，洞江区为第二乡，三坑区为第三乡，江团区为第四乡，以第二乡之永丰圩为本区政治经济中心。""这一区介在兴、赣、万之交，明白了这一区，赣、万二县也就相差不远，整个赣南土地斗争的情况也都相差不远。"可见，毛泽东在选取调查对象时都进行了认真的考虑。关于《兴国调查》的主要内容，毛泽东总结指出："第一，做了八个家庭的调查，这是我从来没有做过的，其实没有这种调查，就没有农村的基础概念。第二，调查了各阶级在土地斗争中的表现，这是我在寻乌调查中做了而没有做得完全的。"与寻乌调查相比，兴国调查补充了前者部分的不足。在调查中，毛泽东对富农、中农、贫农、雇农都分别作了深入的调查和专门的分析，使其对富农问题、中农问题的认识更加清楚。同时，毛泽东还否定了不根据具体情况来制定政策的工作方法，他认为："实际政策的决定，一定要根据具体情况，坐在房子里面想像的东西，和看到的粗枝大叶的书面报告上写着的东西，决不是具体的情况。倘若根

---

①《毛泽东选集》第一卷，人民出版社1991年版，第109、110页。

据'想当然'或不合实际的报告来决定政策，那是危险的。过去红色区域弄出了许多错误，都是党的指导与实际情况不符合的原故。所以详细的科学的实际调查，乃非常之必需。"①

在一系列调查研究的基础上，毛泽东又提出了"不做正确的调查同样没有发言权"的新论断。1931年4月2日，毛泽东以中央革命军事委员会总政治部主任的名义，向红军各政治部和地方各级政府发出了《总政治部关于调查人口和土地状况的通知》，毛泽东提出："一，不做调查没有发言权。二，不做正确的调查同样没有发言权。"这是毛泽东对调查研究理论的重大创新。《通知》是关于如何填好人口和土地两种调查表格的一个专门文件。《通知》指出："现在这两种表格，我们如能照深刻注意实际的正确的统计填写起来，是能解决我们许多问题的，特别是现在分配土地中的许多实际问题。"②

在土地革命战争时期，中国共产党既要与国民党作斗争，还要自我发展壮大，这就对党员提出了更加严格的要求。1933年，国民党发动了第五次"围剿"，中央苏区提出了"一切苏维埃工作服从革命战争"的口号。而一些苏维埃政府机关中存在不同程度的官僚主义现象。鉴于此，毛泽东深入赣南闽西根据地基层，对江西兴国县长冈乡和福建省上杭县才溪乡进行调查研究，并写成了《长冈乡调查》和《才溪乡调查》。《长冈乡调查》中记录了长冈乡村、乡委员会，以及地方部队、群众生活、劳动力的调剂与耕牛问题、公债的推销、合作社运

---

① 《毛泽东文集》第一卷，人民出版社1993年版，第254—255页。

② 《毛泽东文集》第一卷，人民出版社1993年版，第254页。

动、卫生运动、社会救济、妇女、儿童、工人、贫农团、宣传队、革命竞赛等 19 个项目的调查情况，并系统地总结了长冈乡的经验：第一，密切联系群众。"因为他们与群众的关系十分密切，他们的工作收得了很大的成效。"第二，密切关心群众生活。"长冈乡在战争动员上的伟大成绩，是与他们改良群众生活的成绩不可分离的。"第三，耐心说服的工作方法。"长冈乡工作的特点，在于能用全力去动员群众，用极大的耐心去说服群众，结果能完全实现他们的任务"。毛泽东又前往福建省上杭县才溪乡作调查，对才溪乡的代表会议、扩大红军、经济生活、文化教育等 8 个项目进行了考察，总结了才溪乡苏维埃的工作，肯定了才溪乡的苏维埃组织与领导、扩大红军、经济建设等方面的工作成绩。毛泽东用《长冈乡调查》和《才溪乡调查》的具体事实，驳斥了当时存在的国内战争中经济建设是不可能的、苏区群众生活没有改良、群众不愿当红军、扩大红军便没有人生产等不切合实际的错误说法，批评了官僚主义、命令主义、主观主义的思想方法和工作作风，推动了革命工作向前发展。

1937 年 7 月 7 日，全民族抗战爆发。八路军的基本任务是创立抗日根据地，钳制与消耗敌人，配合友军作战，保存和扩大自己。这一时期，中国共产党的调查研究活动得到了巨大发展，以毛泽东《〈农村调查〉的序言和跋》和《关于农村调查》的发表为标志，我们党的调查研究进入成熟阶段。

到达陕北后，毛泽东将土地革命战争时期保存的调查材料汇编成册，并撰写序言，将该书定名为《农村调查》，供大家参考。1941 年3 月，《农村调查》一书在延安正式出版。毛泽东还为该书写了第二篇序言和一篇跋。《〈农村调查〉的序言和跋》是毛泽东多年调查研究实践的经验的理论总结。"所以印这个材料，是为了帮助同志们找一个研究问题的方法。现在我们很多同志，还保存着一种粗枝大叶、不求甚解的作风，甚至全然不了解下情，却在那里担负指导工作，这是异常危险的现象。对于中国各个社会阶级的实际情况，没有真正具体的了解，真正好的领导是不会有的。"[1] 序言着重阐述了调查研究的重要意义和正确方法。序言强调，有计划地抓住几个城市、几个乡村，用马克思主义的基本观点，即阶级分析的方法，作几次周密的调查，乃是了解情况的最基本的方法。只有这样，才能使我们具有对中国社会问题的最基础的知识。要做这件事，第一是眼睛向下，不要只是昂首望天。没有眼睛向下的兴趣和决心，是一辈子也不会真正懂得中国的事情的。第二是开调查会。到会的人，应是真正有经验的中级和下级的干部，或老百姓。必须明白：群众是真正的英雄，而我们自己则往往是幼稚可笑的，不了解这一点，就不能得到起码的知识。跋着重阐述了党的统一战线政策、劳动政策、土地政策等，指出，现在，党的政策必须与此不同，不是"一切斗争，否认联合"，也不是"一切联合，否认斗争"（如同 1927 年的陈独秀主义那样），而是联合一切反对日本帝国主义的社会阶层，同他们建立统一战线，但对他们中间存在着的投降敌人和反共反人民的动摇性反动性方面，又应按其不同程度，同他们作各种不同形式的斗争。关于劳动政策，是适当地改善工人生活和不妨碍资本主义经济正当发展的两重性的政策。关于土地

---

[1]《毛泽东农村调查文集》，人民出版社 1982 年版，第 15 页。

政策方面，是要求地主减租减息又规定农民部分地交租交息的两重性的政策。关于政治权利方面，是一切抗日的地主资本家都有和工人农民一样的人身权利、政治权利和财产权利，但又防止他们可能的反革命行动的两重性的政策。国营经济和合作社经济是应该发展的，但在目前的农村根据地内，主要的经济成分，还不是国营的，而是私营的，而是让自由资本主义经济得着发展的机会，用以反对日本帝国主义和半封建制度。

《关于农村调查》，是毛泽东于 1941 年 9 月 13 日在延安对中央妇女工作委员会和中共中央西北局联合组成的妇女生活调查团的讲话。这篇讲话，在当时对于克服王明"左"倾教条主义的影响和推动全党调查研究的开展，起了非常重要的作用。讲话分为三个部分。第一部分，是继续进行农村调查的必要性。文中说，中国革命也需要作调查研究工作。事物是运动的、变化着的、进步着的，因此，"我们的调查，也是长期的。今天需要我们调查，将来我们的儿子、孙子，也要作调查，然后，才能不断地认识新的事物，获得新的知识"。毛泽东用他的亲身经历说明进行农村调查的重要性。他在湖南进行了五个多月的调查，才真正了解农村的阶级斗争；经过寻乌调查，才弄清了富农与地主的问题，提出解决富农问题的办法；在兴国调查之后，才弄清楚了贫农与雇农的问题。第二部分论述了调查的方法。一要掌握对立统一和阶级斗争的观点，这是办事的两个出发点。把看到的事物加以分析，然后综合起来，得出正确的结论。用这种观点去分析农村，就可以知道农村有什么阶级，它们的主要特点是什么，以及它们彼此的关系怎样。二要详细地占有材料，抓住要点。"材料是要搜集得愈多愈好，但一定要抓住要点或特点（矛盾的主导方面）"，抓住"最能表现特点的一部分"。西安事变后，主要矛盾在中日之间，无论解决任何问题都应以这个主要矛盾作为认识问题和解决问题的出发点。第三部分是答复调查团提出的几个问题。毛泽东用自己在兴国调查的经验，回答了怎样开调查会、怎样找调查的典型、如何收集和整理材料、怎样使对方说真话等问题。在这篇讲话中，毛泽东充分阐释了调查研究的重要性、长期性以及调查研究的方法问题，是党史上关于总结调查研究经验的重要历史文献。

1941年7月7日，中共中央发出《关于设立调查研究局的通知》，公布了中央调查研究局的组织机构和各级负责人。毛泽东任中央调查研究局主任，任弼时为副主任。毛泽东在《关于调查研究的决定》中指出："我党现在已是一个担负着伟大革命任务的大政党，必须力戒空疏，力戒肤浅，扫除主观主义作风，采取具体办法，加重对于历史，对于环境，对于国内外、省内外、县内外具体情况的调查与研究，方能有效地组织革命力量，推翻日本帝国主义及其走狗的统治。"① 然后提出了在全党推行调查研究的具体办法：中央设置调查研究机关，各中央局、中央分局、独立区域的区党委或省委、八路军、新四军之高级机关，各根据地高级政府，均设置调查研究机关，收集有关该地敌友我政治、军事、经济、文化及社会阶级关系各方面材料。除中央及各地的调查研究机关外，必须动员全党、全军及政府之各级机关及全

---

① 中共中央文献研究室、中央档案馆编：《建党以来重要文献选编（1921—1949）》第18册，中央文献出版社2011年版，第531页。

体同志，着重对于敌友我各方情况的调查研究，并供给上级调查研究机关以材料。向各级在职干部与训练干部的学校，进行关于了解客观情况（敌、友、我三方）的教育。1941 年 8 月，中共中央作出了《关于调查研究的决定》，推动全党兴起调查研究之风。这个决定的产生，一是党中央为了准确掌握各地区的斗争情况，以便制定切实可行的方针政策；二是党内的主观主义、形式主义等不良作风仍严重地存在着。由此，调查研究之风在党内大兴，并取得了许多高质量的成果。

例如，张闻天的"延安农村工作调查团"深入陕北基层调研形成了宝贵的调研报告——《陕甘宁边区神府县直属乡八个自然村的调查》。1942 年 1 月，经中央同意，时任中共中央政治局委员、书记处书记兼中央宣传部部长的张闻天，率先响应党中央调查研究之风，带领"延安农村工作调查团"北上考察。从 1942 年 2 月 18 日至 4 月 12 日近两个月的时间里，张闻天和其他同志分别对神府县 8 个自然村进行了详细的调查。他们调查的内容有：行政区分、地理位置、自然条件、人口与土地、原始的农业小生产、土地质量、土地分配、农业、劳力、役畜、肥料、种子、农作物的耕作过程、各种农作物的耕种面积及产量、各种耕地上人力与畜力的消耗、每垧土地的产量、革命后阶级关系的变化、人口与劳动力的分配、租佃关系、雇佣关系、典地与卖地、借贷牛羊的分配与租借、放羊与站羊、商业、物价、经济的自给自足、关于农村经济发展的趋势、政治情况、各种负担、物质生活、文化、村政权、村政权下的各种组织、乡政府等。为了解到第一手材料，调查团成员住在农民家里，亲自进行驻地农村的调查。在神木农村 54 天的时间里，各组紧张地展开调查。对于调查过程中所发现的问题，张闻天及时给地方领导建议。在田野调查初步结束后，张闻天撰写了《陕甘宁边区神府县直属乡八个自然村的调查》。此外，还有林伯渠率领的考察团赴陕西甘泉、富县进行调查，太行区、晋冀豫区党组织深入基层开展的调查研究工作等。这些调查研究工作，都有力地促进了党内作风的转变，为中国共产党深入了解群众，制定合理的政策提供了重要的一手资料。

在中国共产党的领导下，经过抗日战争和解放战争，中华民族实现了解放，中华人民共和国成立，标志着中国社会发展进入崭新的阶段。新中国成立后，中国共产党带领中国人民进行了社会主义建设的探索，有积极有益的探索也有经验教训，在调查研究方面虽然发生过一些曲折，但总体上，我们党仍十分重视调查研究工作。这一时期，中国共产党从革命党转变为执政党，要求党必须结合中国实际开展国家建设。毛泽东不但要求各级领导干部坚持和发扬过去调查研究的优良传统，还身体力行，亲自到全国各地视察工作，并掌握了大量一手资料。社会主义建设时期，我们党通过调查研究，初步探索了社会主义建设规律。1956 年，毛泽东历时两个月，先后听了 34 个经济部门的工作汇报，听取国家计委关于第二个五年计划的汇报，写出了著名的《论十大关系》，对当时我国社会主义建设需要处理好的重大关系问题作出了科学分析。

1956 年，新中国在确立社会主义制度后，毛泽东深感要加快社会主义建设的速度，不断加速发展进程，1958 年毛泽东发动了"大跃进"。但加快跃进的结果是，整个国民经济陷入极度困难的境地，农牧业产品大幅度减产，出现全国性粮食和副食品危机；生产性基本建设规模膨胀，经济结构比例严重失调；财政收不抵支，出现赤字，造成通货膨胀，物价上涨；经济效益低下，人民生活水平下降。鉴于此，毛泽东在党内大力提倡调查研究工作。

1961年1月13日，毛泽东在中央工作会议上发表了以大兴调查研究之风为主旨的讲话。他指出："我希望同志们回去之后，要搞调查研究，把小事撇开，用一部分时间，带几个助手，去调查研究一两个生产队、一两个公社。在城市要彻底调查一两个工厂、一两个城市人民公社。""这些年来，我们的同志调查研究工作不做了。要是不做调查研究工作，只凭想像和估计办事，我们的工作就没有基础。所以，请同志们回去后大兴调查研究之风，一切从实际出发，没有把握就不要下决心。"毛泽东提出，要做到情况明，决心大，方法对。首先要情况明。这是一切工作的基础，因此要摸清情况，要做调查研究，"我们党是有实事求是传统的，就是把马列主义的普遍真理同中国的实际相结合。但是建国以来，特别是最近几年，我们对实际情况不大摸底了，大概是官做大了。我这个人就是官做大了，我从前在江西那样的调查研究，现在就做得很少了。今年要做一点，这个会开完，我想去一个地方，做点调查研究工作"[①]。毛泽东的这次讲话是新中国成立后第一次比较集中地讲调查研究问题的讲话。它是在探索中国社会主义建设道路上经过一段曲折之后总结经验的产物，为国民经济的恢复发展奠定了思想基础。在随后召开的党的八届九中全会上，毛泽东再一次就调查研究问题发表讲话，他指出："希望今年这一年，一九六一年，

---

① 《毛泽东文集》第八卷，人民出版社1999年版，第237页。

成为一个调查年，大兴调查研究之风。调查，要在实际中去调查，在实践中才能认识客观事物。"

同年，毛泽东收到 30 年前写的但已散失的一篇文章《调查工作》。此时，正逢大兴调查研究之际，毛泽东决定将《调查工作》发给田家英、胡乔木、陈伯达各一份，并让他们各带一个调查组，到实践第一线作系统的调查研究。毛泽东带头作调查，在全党起了表率作用。毛泽东亲自乘火车南下，沿途进行调查研究，时任浙江省委第一书记江华回忆："1961 年 3 月，我省在贯彻农村人民公社工作条例修正草案（即六十条）时，把有些地方规模过大的生产队分小一点，省委研究决定，在春耕前，把一些规模过大的生产队由原来的百把户人家分成三、四十户规模的小队。不久，毛泽东同志从广东来到浙江，听了我们汇报后，说：同意你们省委这个做法。你们到群众中调查了，这很好。关于生产队的规模，毛泽东同志自己也作过调查，找了我省许多县的负责干部座谈商量过，他非常赞成缩小生产队的规模，他说：乡里人走十里就是出远门了，生产队规模不能大，三四十户差不多，大家人头熟悉，种什么收什么，人人清楚，看得见，摸得着，大家就有积极性。"[①]

此外，中共中央众多常委同时下乡，深入群众，切实了解人民群众的实际情况。刘少奇回到湖南老家作农村调查。为弄清情况，刘少奇选择了家乡的猪场的一间饲料房作为住房和办公室，直接到群众

---

① 江华：《回忆毛泽东在浙江的革命实践活动》，《浙江日报》1983 年 12 月 26 日。

中，把几个社员请到自己的住处，让群众讲真话。在掌握了大量第一手资料后，刘少奇对一些迫切问题进行了解决，并致信毛泽东，汇报了调查情况，对解决社员住房，退赔社员财物，巩固国家、集体和个人所有制，在部分乡村建立公安派出所和巡回法庭等一些问题提出了处理意见。周恩来赴河北农村进行调查，知道不能在大家有准备的时候了解真正的公社食堂，便自己悄悄到一个村的食堂就餐，真正吃到了农民的食堂饭——玉米糊糊。邓小平留守北京，一边处理中央书记处日常工作，一边组织五个调查小组在京郊顺义和怀柔等地农村调查，他亲自到顺义农村考察，对恢复农业生产形成自己的看法，并和彭真联名写信将自己的建议向毛泽东作汇报。朱德、陈云南下调查也深入了解到中国农村的实际情况。中央常委们深入农村基层的调查，在公共食堂、供给制、基本核算单位等问题上取得了共识，为修改"农业六十条"做了准备。

1961 年 5 月至 6 月，中共中央在北京召开工作会议，主要是在调查研究收集农民和干部意见的基础上，修改"农业六十条"草案。修正草案的核心是调整人民公社的所有制关系和分配关系，重申以生产大队为基本核算单位的三级所有制，是农村人民公社的根本制度，明确了公社对大队的生产经营活动不得强加干涉，只能协商和建议，组织队与队之间的生产协作必须坚持自愿互利和等价交换原则。此次修正草案将原草案规定的公共食堂"应积极办好"改为"生产队办不办食堂，完全由社员讨论决定"，口粮分配的办法也改为"不论办不办食堂，都应该分配到户，由社员自己支配"。取消了原草案中关于社员分配实行供给部分与工资部分三七开的规定，改为无论包产收入或包产以外的收入都"按劳动工分进行分配"。"农业六十条"修正草案的通过和实施稳定了农村和经济，与此次大兴调查研究之风有着密切关联。总之，1961年党内开展的大规模调查研究对于纠正1958年以来工作中的问题和错误，克服经济困难起到了重要作用。

改革开放以来，以邓小平同志为主要代表的中国共产党人，以极大的政治勇气实现党的工作重心的转移，在政治、经济、文化等方面经过调查研究，开始进行经济体制和政治体制改革。邓小平在毛泽东"没有调查就没有发言权"的基础上，身体力行，将调查研究与改革开放密切结合，带领中国走上中国特色社会主义道路。

改革最先从农村开始，一些农村开始自发搞起了包产到组、包产到户，在干部、群众中引起很大争议。1980年春夏之交，中央一些领导人分别到云南、青海、宁夏、陕西、内蒙古、黑龙江、吉林、辽宁等省区和北京市郊区农村作调查，听取农村干部和农民的意见。有了调查研究中对农村的实际了解，邓小平对包产到户的做法表示支持，随后，中共中央通过了《关于进一步加强和完善农业生产责任制的几个问题》，开始推行家庭联产承包责任制。家庭联产承包责任制是在社会主义道路下促进农村生产发展的一种有效方式，从农民的尝试到政策的规范化，这些正确决策都来自细致深入的调查研究。在改革开放和社会主义现代化建设新时期，我们党通过调查研究走出了中国特色社会主义道路。

改革开放决策出台前后，中央派出一批批代表团出访各国，邓小平对出访活动提出明确要求，要求他们在访问中广泛接触，详细调查，深入研究一些问题。他亲自赴美国、日本访问。通过大量出访活动，我们党拓展了探索社会主义建设道路的思路，对改革开放的酝酿和启动产生了直接影响。1978 年 9 月，邓小平在黑龙江、辽宁、吉林、河北、天津北方四省一市调查研究形成的"北方谈话"，提出了"迅速地坚决地把工作重点转移到经济建设上来"的重大命题。

1982 年，党的十二大提出到 2000 年实现全国工农业总产值在 1980 年的基础上翻两番，使人民的物质文化生活达到小康水平的宏伟目标。但"翻两番"目标是否能够实现？实现后的中国社会又是什么样？邓小平为搞清楚上述问题，决定南下进行调查研究。邓小平在江浙沪进行了为期三周的调查，增强了对"翻两番"、实现小康目标的信心。

在改革开放的重大问题上，邓小平强调要作调查研究。例如，经济特区的建立，在习仲勋等人的建议下，1980 年我国设立了深圳经济特区，邓小平还亲自去特区了解情况，看到深圳经济特区的发展时，邓小平指出，我们建立经济特区的决策是正确的。又如，1983 年，在谈到计划问题时，邓小平指出，总结历史经验，计划定得过高，冒了，教训是很深刻的，这方面的问题我们已经注意到了，今后还要注意。现在我们要注意另外一个方面的问题，年度计划定低了，而实际增长速度高出很多，会产生什么影响？对这个问题，要抓紧调查研究，作出符合实际的分析。[①]

邓小平进行的调查研究是在改革开放历史大背景下党的各项工作

---

① 参见中共中央文献研究室编：《邓小平年谱（1975—1997）》（下卷），中央文献出版社 2004 年版，第 881—882 页。

面临新的机遇和挑战下完成的，在继承毛泽东调查研究相关方法的基础上，强调对重大战略问题要进行长期性的调查研究。他强调，特别是书记处的同志，要学会调查研究，把问题搞清楚了再下手。此外，邓小平还在调查研究方法上有所创新，譬如抽样调查、民意调查、计算机技术等方法，能够更加高效、公平、快速地了解社情民情。

二、新时代习近平总书记关于调查研究工作的重要论述

党的十八大以来，中国特色社会主义进入了新时代，我国社会主要矛盾已经转化为人民日益增长的美好生活需要和不平衡不充分的发展之间的矛盾。我们党要统揽伟大斗争、伟大工程、伟大事业、伟大梦想，统筹推进"五位一体"总体布局和协调推进"四个全面"战略布局，着力解决人民日益增长的美好生活需要和不平衡不充分的发展之间的矛盾，全面建设社会主义现代化国家、实现中华民族伟大复兴中国梦，对调查研究工作提出了新的要求。当今世界正经历百年未有之大变局，新一轮科技革命和产业变革深入发展，国际力量对比深刻调整，和平与发展仍然是时代主题，人类命运共同体理念深入人心，同时国际环境日趋复杂，不稳定性不确定性明显增加，新冠疫情影响广泛深远，经济全球化遭遇逆流，世界进入动荡变革期，单边主义、保护主义、霸权主义对世界和平与发展构成威胁。全党要统筹中华民族伟大复兴战略全局和世界百年未有之大变局，深刻认识我国社会主要矛盾变化带来的新特征新要求，深刻认识错综复杂的国际环境带来的新矛盾新挑战，必须立足社会主义初级阶段基本国情，倍加重

视运用调查研究这个传家宝。党的十八大以来，以习近平同志为核心的党中央在继承党重视调查研究优良传统的基础上，就加强和改进调查研究工作提出一系列新观点新论断新要求，为调查研究思想宝库增添了新的内容。习近平总书记指出，"调查研究是谋事之基、成事之道。没有调查，就没有发言权，更没有决策权"，强调"研究、思考、确定全面深化改革的思路和重大举措，刻舟求剑不行，闭门造车不行，异想天开更不行，必须进行全面深入的调查研究"。① 这些重要论述为新时代党员干部调查研究工作指明了努力方向，提供了基本遵循。

习近平总书记不仅是在全党大兴调查研究之风的倡导者和领导者，而且是调查研究工作亲力亲为的实干家和实践者。他的调查路线遍布中华大地，东北三省，京津冀、长江经济带，珠三角、粤港澳、中部等广大地区都留下了他的足迹和贴民心体民意的关怀。党中央以革命老区、民族地区、贫困地区为调研重点，深入企业、乡村、机关等作全面了解。习近平总书记指出，要坚持和完善先调研后决策的重要决策调研论证制度。调查研究是科学决策的前提条件。习近平总书记的调查研究主要内容围绕全面推进深化改革、推进新发展理念、推进脱贫攻坚以及加强作风建设展开。在推进深化改革方面，习近平总书记不仅到改革开放最前沿广东等地考察，还到其他地区考察，提出要做到改革不停顿、开放不止步。在推进新发展理念方面，习近平总

---

① 《加强对改革重大问题调查研究　提高全面深化改革决策科学性》,《人民日报》2013 年 7 月 25 日。

书记对创新、协调、绿色、开放、共享理念分别作了数次调研和考察，为贯彻新发展理念提供了方法论。在脱贫攻坚方面，他多次深入贫困地区，2013年11月3日，习近平总书记到湘西土家族苗族自治州花垣县十八洞村考察，了解当地群众的生活和脱贫问题，在与十八洞村干部、村民代表座谈时，习近平总书记首次提出"精准扶贫"的施政理念。他强调，全面建成小康社会，难点在农村特别是贫困地区。扶贫帮困，一要因地制宜发展好产业，种什么、养什么、从哪里增收都要弄清楚、想明白。二要切实办好农村义务教育，不能让农村下一代输在起跑线上。三是要给贫困地区村民提供水、电、路等基本公共服务。在加强作风建设方面，习近平总书记作了许多调研，并提出一系列新思想新观点新要求。2013年7月，习近平总书记在河北调研指导党的群众路线教育实践活动时指出："对'四风'问题，必须下大气力惩治。形式主义实质是主观主义、功利主义，根源是政绩观错位、责任心缺失，用轰轰烈烈的形式代替了扎扎实实的落实，用光鲜亮丽的外表掩盖了矛盾和问题。官僚主义实质是封建残余思想作祟，根源是官本位思想严重、权力观扭曲，做官当老爷，高高在上，脱离群众，脱离实际。有些领导干部爱忆苦思甜，口头上说是穷苦家庭出身，是党和人民培养了自己，但言行不一，心里想的是自己当上官了，终于可以扬眉吐气了，要好好享受一下当官的尊荣，摆起官架子来比谁都大。享乐主义实质是革命意志衰退、奋斗精神消减，根源是世界观、人生观、价值观不正确，拈轻怕重，贪图安逸，追求感官享受。奢靡之风实质是剥削阶级思想和腐朽生活方式的反映，根源是思想堕落、物欲膨胀，灯红酒绿，纸醉金迷。"[①] 2014 年 1 月 26 日至 28 日，习近平总书记在内蒙古自治区调研时强调："实践证明，抓作风建设最重要的是讲认真。各级党组织要弘扬认真精神，坚持高起点开局、高标准开展、高质量推进第二批群众路线教育实践活动，尤其要在坚持抓严、认真抓实、切实抓长上下功夫，真正做到让党员、干部思想上受教育、作风上有转变，让广大群众感到变化、感到满意。"[②] 综合来看，习近平总书记注重从调查研究中发现问题、认识国情、寻求规律，在调研中孕育新思想、谋划新战略、形成新举措，做到作出重大决策、实施重大战略、推进重要工作之前必须调查研究。全面深化改革重大决策，就是经过党中央调查研究之后作出的。习近平总书记在党的十八大之后外出调研的第一站——改革开放的前沿深圳市调研，发出改革开放不止步、全面推进改革开放的信号。2014 年 12 月，习近平总书记在江苏调研时首次提出了"四个全面"战略布局的新提法，这一影响全局的重大战略也是在地方调查研究后提出来的。

回顾中国共产党的调查研究历史，从毛泽东关于调查研究的理论和实践开始至今，调查研究作为工作方法贯穿我们党的历史。调查研究的实践和成果，对于指导党和人民的事业沿着正确的道路发展，起到了极为重要的作用。调查研究是使理论和实际统一起来的最

---

① 中共中央文献研究室编:《习近平关于全面从严治党论述摘编》，中央文献出版社 2016 年版，第 153—154 页。

②《习近平春节前夕赴内蒙古调研看望慰问各族干部群众》，《人民日报》2014 年 1 月 30 日。

直接和最有效的方法，也是以问题为导向，在发现问题、解决问题的过程中将主观世界和客观世界统一起来的有效途径。不进行调查研究，就不能了解实际情况，就没有发言权，遑论始终作出正确的决策了。

第二节　当前调查研究存在的问题

2011 年 11 月 16 日，习近平同志指出：“马克思主义的辩证唯物主义、历史唯物主义世界观和方法论，党的实事求是的思想路线，党的从群众中来、到群众中去的根本工作路线，都要求我们的领导工作和领导干部必须始终坚持和不断加强调查研究。”① 新时代，人民群众日益增长的美好生活需要，对党员干部的工作作风、能力素质等提出了新的更高要求。党员干部要提高重视调查研究的政治自觉，通过深入调查研究克服形式主义、官僚主义，化解能力不足带来的“本领恐慌”。

一、形式主义

实事求是是党和人民事业兴旺发达的获胜法宝，对领导干部的人格塑造发挥着无可比拟的关键作用。习近平总书记指出，“全党同志

---

① 习近平：《谈谈调查研究》，《学习时报》2011 年 11 月 21 日。

一定要把实事求是贯穿到各项工作中去，经常、广泛、深入开展调查研究"①。在整个调查研究过程中，要始终坚持和秉承实事求是的重要原则，按照实事求是的基本要求开展各项具体活动和工作。在调查研究过程中坚持实事求是基本原则的基础在于知"实事"，即全面客观了解事物和情况，关键在于"求是"，即树立求真务实的工作作风，探求事物的本质和规律。这是实事求是原则在调查研究实践中的基本要求和具体表现。恩格斯曾经指出，如果形式不是内容的形式，那它就没有任何价值了。形式主义是以搞形式为目的的形式，是与实事求是相背离的错误思想表现。在现实社会中，一些地方、机关单位追求"文山会海""工作留痕"，而不去抓工作落实，这都是形式主义的表现，也令基层干部深恶痛绝。不坚持实事求是，不愿深入调查研究，就容易不自觉地犯形式主义的错误。党员干部重视深入调查研究，既有利于自身克服形式主义，也是坚持党的实事求是思想路线的必然要求和重要体现。

在毛泽东看来，开展调查研究从根本上来说是为了了解国情，了解实际，解决实际问题。他指出："中国革命斗争的胜利要靠中国同志了解中国情况。""我们需要时时了解社会情况，时时进行实际调查。"②他是这样说的，也是这样做的。在带领广大人民进行革命和建设的过程中，毛泽东作了很多深入实地的调查研究，在此基础上认清

① 习近平：《在纪念陈云同志诞辰110周年座谈会上的讲话》，《人民日报》2015年6月13日。

②《毛泽东选集》第一卷，人民出版社1991年版，第115页。

了中国国情和实际，实现了马克思主义基本原理与中国革命、建设具体实际的有机融合，找到了适合中国国情的革命和建设道路，解决了革命和建设的难题，实现了民族解放，确立了社会主义制度，在探索中国社会主义建设道路的过程中取得一系列重要成果。

邓小平认为，在调查研究中应当坚持从实际中求实求是，"一定要深入专业，深入实际，调查研究，知彼知己，力戒空谈"①。在调查研究过程中还应当坚持群众路线，邓小平指出："离开群众经验和群众意见的调查研究，那末，任何天才的领导者也不可能进行正确的领导。"②改革开放以后，作为党的主要领导人，邓小平本人率先垂范，开展了大量的实地调查。在改革开放之初，邓小平到日本、印度、美国等国家进行访问和考察，在对外交流学习过程中逐渐认识到中国和其他国家存在的巨大差距，认清了国际国内发展形势，"搞清了什么是现代化"，中国的现代化道路应该如何去闯等根本问题，为中国改革开放和现代化建设事业指明了前进方向。1992 年 1 月 18 日至 2 月 21 日，88 岁高龄的邓小平到武昌、深圳、珠海、上海等地考察调研，并发表了一系列重要讲话，通称南方谈话。南方谈话针对人们思想中普遍存在的疑虑，重申了深化改革、加速发展的必要性和重要性，并从中国实际出发，站在时代的高度，深刻地总结了十多年改革开放的经验教训，在一系列重大的理论和实践问题上，提出了新观点，讲出了新思路，开阔了新视野，有了重大新突破，将建设有中国特色社会

---

① 《邓小平文选》第二卷，人民出版社 1994 年版，第 181 页。

② 《邓小平文选》第一卷，人民出版社 1994 年版，第 219 页。

主义理论与实践，大大地向前推进了一步。

江泽民对调查研究的目的、作用、方法等方面阐述过重要观点和见解。他认为，调查研究的终极目的是科学决策、解决问题，调查研究对领导干部而言，没有调查就没有决策权。江泽民指出："为了提高决策的科学性，应该加强调查研究。"[①] 为此，他积极倡导各级部门和领导要注重深入调研，了解实际，在此基础上才能作出科学决策，最终解决好实际问题。江泽民进一步说明了调查研究的一些重要方法，比如，典型调查、系统调查等。他指出："必须在工作中坚持群众路线，深入实际调查研究。"[②] 江泽民大力倡导领导干部要深入基层与普通群众交知心朋友，呼吁干部动手写调研报告，表达真情实感，发表真知灼见。

胡锦涛在继承中国共产党人调查研究思想的基础上进一步深化了调查研究的理论。他深入实地、深入基层，掌握实情，指导工作。胡锦涛高度重视调查研究对于推进改革开放，促进社会发展所发挥的重要作用，着重强调搞好调查研究是做好工作的重要前提，特别指出调查研究对于构建社会主义和谐社会所发挥的关键效用。胡锦涛在党的十七大报告中进一步明确指出："加强调查研究，改进学风和文风，精简会议和文件，反对形式主义、官僚主义，反对弄虚作假。"深入实地、深入群众的调查研究是提高我们党执政能力的重要方法和有效手段。通过调查研究，党员干部真正倾听民声，了解民情，准确把握矛

---

① 《江泽民文选》第一卷，人民出版社 2006 年版，第 391 页。
② 《江泽民文选》第二卷，人民出版社 2006 年版，第 45 页。

盾所在，找到问题症结，缓和利益冲突，调解矛盾分歧，真正解决问题，有助于构建社会主义和谐社会。

党的十八大以来，习近平总书记多次强调，调查研究要坚持实事求是原则。他指出："研究、思考、确定全面深化改革的思路和重大举措，刻舟求剑不行，闭门造车不行，异想天开更不行，必须进行全面深入的调查研究。"①2013 年 7 月 23 日，习近平总书记在武汉召开部分省市负责人座谈会时强调，加强对改革重大问题调查研究，提高全面深化改革决策科学性。他高瞻远瞩地从六个方面指明了全面深化改革所需调研的突出问题，并强调这些问题要结合实际、结合未来发展来进行解答，在调查研究的基础上不断给出准确、科学的答案。我国改革开放不断深化的过程始终伴随着深入实地的调查研究。党的十八大以来，各地广泛开展调查研究，并取得了一些突破性的调研成果。通过调查研究，深入实地，深入一线，进而全面客观了解情况，为全面深化改革提供基本遵循和重要依据。调查研究发现的问题和难题是全面深化改革的重点和焦点，调查研究掌握了解的实情是落实深化改革的重要基础。全面深化改革的战略思路、战略举措、战略重点、战略方式等都要在此基础上确定，而不是随心所欲、空穴来风。由此可见，调查研究是全面深化改革的迫切需要，推进全面深化改革必须进行全面深入的调查研究。

中国共产党是拥有强大自我修复和自我完善能力的政党，特别注

---

① 《加强对改革重大问题调查研究　提高全面深化改革决策科学性》，《人民日报》2013 年 7 月 25 日。

重加强自身建设，党的建设总体布局不断得到丰富和拓展。从新民主主义革命时期到中国特色社会主义新时代，我们党经历了从"三大建设"到"五大建设"循序发展的进程，对党的自身建设问题有比较深刻的认识。随着世情、国情、党情等一系列新情况和新变化，我们党面临"四大危险"，主要体现在形式主义等"四风"问题上。"四风"主要表现为领导干部理想信念缺失，盲目追求权力和财富，思想封闭，安于现状，不求上进，不求实效，善于对上级阿谀奉承，溜须拍马，弄虚作假，贪图享乐，一心只为升官发财，脱离群众，高高在上，不接地气，腐化堕落，等等。作风问题关乎党的生死存亡，我们要时刻保持高度警惕，敢于直面问题，敢于正视现实，努力克服困难，纠正"四风"问题，使党的肌体更加健康。

习近平总书记十分注重党的建设，2013 年在党的群众路线教育实践活动工作会议上，深刻、具体、形象地对"四风"的表现进行了阐释，引起广大党员干部的高度重视和深刻反省，对"四风"的危害有更加清醒的认识。习近平总书记强调，"四风"问题具有顽固性反复性，纠正"四风"不能止步，作风建设永远在路上。纠正这些不正之风非一日之功，需要我们做的工作很多，最基础、最首要的便是在全党全社会大兴调查研究之风，树立求真务实的工作作风，同人民群众保持密切联系，在具体工作中求真、求实、求效，不拘泥于"文山会海"，下大功夫作调查研究，虚心听取人民群众的意见和建议，解决人民群众迫切需要解决的难题，纠治形式主义、享乐主义等不良风气，在调查研究实践中涵养优良作风。

实践的观点是马克思主义认识论最具代表性的鲜明观点，这里所说的"实践"与习近平总书记在多种场合多次讲话中所提到的调查研究有异曲同工之妙。科学真理作用的发挥以调查研究实践为重要途径和手段。习近平总书记强调，调查研究有益于促进领导干部正确认识客观世界，改造客观世界和主观世界。不作调查、不搞研究得出的观点是主观的，对事物的认识是感性的，站在办公室里，坐在办公椅上，看看材料，听听报告，翻翻书本，拍拍脑袋而形成的想法和决策是不够成熟、不够科学、不接地气的，容易因为空想从而导致主观认识脱离客观实际，造成决策失误。有的领导干部片面追求拍脑袋作决策的急功近利式工作成果而忽视对客观实际情况的全面了解和客观分析，缺乏必要的调查研究实践，没有用好调查研究这一重要法宝。党员干部在工作岗位上既要有鞠躬尽瘁的奉献精神，又要运用调查研究这一科学的工作方法。从具体的调查研究实践中察得实情、明得实况，获得第一手资料，通过认真的分析概括、总结研究这些资料进而形成科学理性认识，从实践中来到实践中去，用科学的认识指导不断变化发展的实践，从而取得实效，收到事半功倍的成效。领导干部学好用好调查研究这个认识和改造世界的重要法宝是十分必要的。党中央确定2019年为"基层减负年"，着力解决困扰基层的形式主义问题，让基层干部轻装上阵，取得明显成效。2020年4月，中共中央办公厅印发《关于持续解决困扰基层的形式主义问题为决胜全面建成小康社会提供坚强作风保证的通知》。这充分体现了我们党整治形式主义、官僚主义问题的坚定决心和信心，必将为基层党员、干部干事创业进一步松绑、添力。

解决形式主义问题不可能毕其功于一役，减轻基层负担也非一日之功。当前，一些困扰基层的形式主义问题依然存在，有的还出现了一些新动向新表现。例如，少数干部没有牢固树立正确政绩观，对贯彻落实党中央决策部署不用心、不务实、不尽力；不担当不作为现象仍然在一定范围存在，一些党员干部在工作中拖拖拉拉，遇到问题推诿扯皮、报喜不报忧，甚至弄虚作假、欺上瞒下。一些形式主义现象改头换面、隐形变异，有的屡禁不止。例如，发文件时"红头"改"白头"、正式改便笺，同一议题会议层层重复开，过多要求基层提供视频图片资料作为工作佐证，调研扎堆流于形式，干扰基层工作。有效解决这些问题，需要深刻把握形式主义的实质。习近平总书记指出："形式主义实质是主观主义、功利主义，根源是政绩观错位、责任心缺失，用轰轰烈烈的形式代替了扎扎实实的落实，用光鲜亮丽的外表掩盖了矛盾和问题。"[1] 形式主义同我们党的性质宗旨和优良作风格格不入，是我们党的大敌、人民的大敌。坚决反对形式主义，需要在端正政绩观、增强责任心上下功夫，持续为基层松绑减负，让党员干部有更多时间和精力抓工作、出实效。

坚决反对形式主义必须紧盯老问题和新表现，全面检视、靶向治疗，驰而不息、落实落细，做到不解决问题决不放手、不取得成就决不松劲。当前，统筹推进疫情防控和经济社会发展工作，要教育引导党员干部自觉加强党性修养，坚持实事求是的思想路线，始终牢记人民利益高于一切，切实把对上负责与对下负责统一起来，决不做自

---

① 中共中央文献研究室编：《习近平关于全面从严治党论述摘编》，中央文献出版社 2016 年版，第 153 页。

以为领导满意却让群众失望的蠢事。始终把反对形式主义放在重要位置，纳入相关制度建设，不断增强其刚性约束。例如，将力戒形式主义、官僚主义纳入"不忘初心、牢记使命"的制度，建立健全理论学习、检视问题、抓实整改的长效机制，进一步把党员干部干事创业的手脚从形式主义、官僚主义的桎梏中解脱出来，让他们更好地守初心、担使命，在奋进征程上迸发更大的力量。

因此，领导干部作调查研究要全面客观了解实际情况。习近平同志强调："坚持实事求是，最基础的工作在于搞清楚'实事'，就是了解实际、掌握实情。这就要求我们必须不断对实际情况作深入系统而不是粗枝大叶的调查研究，使思想、行动、决策符合客观实际。"① 调查研究的目的就是了解把握事情的全貌，找到问题的症结所在，厘清解决问题的思路，作出科学有效的决策。全面客观了解情况是调查研究顺利进行的基本要求和重要基础。因此，开展调查研究要注重调研对象的全面性、广泛性、多样性，全方位、宽领域、多渠道、多层次地调查情况，了解现状。既要调查机关单位、领导干部，也要调查基层组织、普通群众。既要深度挖掘调查点，又要合理统筹调查面，做到点面结合，大中有精。既要到先进发达的地方去归纳概括成功经验，又要到落后贫乏、问题较多、状况不良、矛盾尖锐的地方解剖问题，吸取教训。基层、群众、农村地区、民族地区更应该成为党员干部开展调研的重中之重，要着重花心思精力去观察把握实情。此外，全面客观了解情况还要求党员干部在调查研究过程中摆正调研立场，

---

① 习近平:《坚持实事求是的思想路线》,《学习时报》2012 年 5 月 16 日。

端正调研态度，避免形式主义做派。在增强调研意识的同时，要牢牢掌握调研活动的主动权。只有做到这些，才能领悟从文件、会议、报告材料中很难得到的新资料、新情况、新问题，才能获得新思路、新见解和新收获，进而开创工作新局面。

党员干部作调查研究要树立求真务实的工作作风。求真务实的工作作风同时代的先进性相契合，在具体工作中求实、求真，也是落实实事求是原则的题中应有之义。整个调查研究过程一刻也不能背离求真务实的基本要求，否则调研就容易失真造假。习近平总书记指出："调查研究必须坚持实事求是的原则，树立求真务实的作风，具有追求真理、修正错误的勇气。"① "主要领导同志要带头学习、带头调查研究、带头检视问题、带头整改落实，发挥表率作用。"② 求真务实是一个要求党员干部说实话、听实情、出实招、办实事、求实效的过程。所谓"说实话"，即党员干部要如实掌握基层的实际情况和存在的矛盾，在向上一级负责单位汇报时遵循客观、公正、真实的基本要求，敢于揭露问题，展现矛盾，不唯喜、不唯权、只唯实。所谓"听实情"，即党员干部在下基层考察时要善于听取民众的真实声音，虚心接受他们不同的意见，不能只听喜和乐，不听忧和愁，不躲避问题，不逃避矛盾，真正触及问题，把握矛盾。所谓"出实招"，即党员干

① 习近平：《谈谈调查研究》，《学习时报》2011 年 11 月 21 日。

② 中共中央党史和文献研究室、中央"不忘初心、牢记使命"主题教育领导小组办公室编：《习近平关于"不忘初心、牢记使命"论述摘编》，党建读物出版社、中央文献出版社 2019 年版，第 22 页。

部在调研时不能预设调子，要深入实地获取真实情况，在此基础上作出正确判断，得出科学结论，坚决反对造假。所谓"办实事"，即党员干部要从小事做起，从自我做起，调研过程力戒只喊口号、扯嗓子、说空话，避免调研沦为形式，真正为人民群众办实事。所谓"求实效"，即党员干部要注重对调研成果的转化运用，摒弃调研结束就万事大吉的想法。调研后作出的科学决策要狠抓落实，注重后期问题整改效果，加强适时回访和追踪，不沽名钓誉、好高骛远，追求真切实在的成果和绩效。党员干部如果在调研实践中都能认真贯彻求真务实的作风，真正追求说实话、听实情、出实招、办实事、求实效，那么各项工作的实效就会得到大幅提升，可有力避免因形式主义而做的无用功。

二、官僚主义

密切联系群众是中国共产党的三大优良作风之一。在全国执政之后，我们党面临的最大危险就是脱离群众。官僚主义是一些领导干部的"常见病"，其实质是对人民群众的政治情感淡薄，直接表现就是"官气"太重。1950年2月，毛泽东强调："不要沾染官僚主义作风。"1960年3月30日，毛泽东在《反对官僚主义，克服"五多五少"》的党内指示中，把联系群众少、认真调查研究少列为官僚主义的主要表现。领导干部深入调查研究，有利于抵御官僚主义思想的侵蚀，有利于真正了解群众所思、所想、所需和所盼，密切联系人民群众、不断增进同人民群众的感情。

江山就是人民，人民就是江山。中国共产党从诞生之日起便同人民群众保持血浓于水的亲密联系，始终代表着最广大人民群众的根本利益，急人民之所急，忧人民之所忧，设身处地为人民群众着想，真正为群众办实事、办好事，始终与人民群众打成一片。习近平总书记强调："每个人的工作时间是有限的，但全心全意为人民服务是无限的。"① 习近平同志指出："群众在党员干部心里的分量有多重，党员干部在群众心里的分量就有多重。"② 党的根本宗旨决定了开展调查研究工作的价值追求和终极目标。搞好调查研究工作必须充分重视党的宗旨教育和群众路线教育，联系群众，团结群众，组织群众，服务群众，充分发挥人民群众在调查研究中举足轻重的作用。调查研究必须以密切联系人民群众为基础，从人民群众丰富具体的社会实践中把握实情，掌握实况，收集第一手资料，了解民情，反映民意，解决民困。调查研究要"公而忘私，把党和人民利益放在第一位"③，始终将人民当作力量之源，始终将服务人民作为终极目标。调查研究的价值取向和中国共产党的根本宗旨具有同一性，调查研究的过程就是贯彻和落实中国共产党宗旨的具体过程。党员干部只有不断巩固和强化调查研究工作中的价值立场和宗旨意识，才能切实加强深入实地的积极性、深入群众的自觉性、深入基层的主动性，才能坚守人民群众立场，解决人民群众所急所怨，使我们党的各项决策和政策符合客观实际，符

---

① 《习近平谈治国理政》第一卷，外文出版社 2018 年版，第 5 页。

② 习近平：《之江新语》，浙江人民出版 2007 年版，第 146 页。

③ 习近平：《谈谈调查研究》，《学习时报》2011 年 11 月 21 日。

合客观规律，符合人民意愿。

　　人民群众是推动历史不断发展前进的力量，这就要求我们在实践和工作中努力践行群众路线。以往的历史经验和当下的现实实践都表明，自觉践行和贯彻党的群众路线，始终保持党同人民血浓于水的紧密联系，是中国共产党永葆生机与活力的重要法宝之一，也是我们党从 50 多人发展为 9800 多万党员队伍的制胜法宝。中国共产党立足于人民、发展于人民，人心向背是影响我们党继续发展和进步的重要因素。迈入新时代，我们党在推进中国特色社会主义事业发展的过程中仍然面临一些困境和考验，有些问题还很棘手，无论何时何地何种情况下，都需要我们坚定不移地抓好落实好党的群众路线。习近平总书记十分注重发挥人民的首创精神，在调查研究实践中特别注重运用群众路线的工作方法，鲜明地指出："马克思主义执政党的最大危险就是脱离群众。"① 调查研究实践与贯彻群众路线紧密相连、息息相关。调查研究为中国共产党贯彻群众路线提供重要途径，群众路线为调查研究工作的顺利开展提供有效指导和科学方法。调查研究需要深入实地、深入一线了解情况。真实情况从群众中来，亟待解决的问题从群众中来，经过分析研究制定的科学决策再到群众中去，调查研究的成效最终由人民群众来评价和检验。当前，我们党面临着脱离群众的重大危险，为此我们高度重视、积极应对，并适时开展了党的群众路线教育实践活动、"三严三实"专题教育、"两学一做"学习教育、"不

---

　　① 中共中央文献研究室编：《十八大以来重要文献选编》（上），中央文献出版社 2014 年版，第 308 页。

忘初心、牢记使命"主题教育、党史学习教育、学习贯彻习近平新时代中国特色社会主义思想主题教育，这都是贯彻党的群众路线、增强群众观念、为群众办实事好事，使群众感受到学习教育的真正成效。因此，党员干部要在实际工作中努力实现调查研究与贯彻党的群众路线的有机结合，切实增强为人民谋利益的本领。

人民群众是调查研究的重要客体，调查研究必须以密切联系人民群众为基础。习近平同志强调，调查研究"不仅要'身入'基层，更要'心到'基层"①。党员干部与人民群众的关系、党员干部对人民群众的态度和情感是影响调查研究成效的重要因素。党群、干群关系处理得好，联系得近，调查研究工作就进行得顺利；反之，党群、干群关系处理得差，联系得远，调查研究工作就进行得不顺利，不容易取得实效。调查研究工作的开展应当以人民群众为根本立足点和着眼点，调查研究中更要始终坚持民愿民盼是方向，民惠民富是目标，民心民力是依靠，民意民声是依据，始终把维护最广大人民群众的利益作为调查研究工作的终极目标，必须密切而深刻地了解把握人民群众的需求与希冀，尊重人民群众的创造精神，从人民群众丰富多彩的生产生活实践中汲取经验，进而增强执政能力和领导本领。

领导干部作调查研究要坚持人民利益至上。中国共产党作为无产阶级先锋队性质的先进政党，始终代表群众的根本利益，切实维护群众利益，保障人民群众当家作主。习近平同志指出，调查研究"只有

---

① 习近平：《谈谈调查研究》，《学习时报》2011 年 11 月 21 日。

公而忘私，把党和人民利益放在第一位，才能真正做到实事求是"①。调查研究过程要努力遵循为民服务这一基本要求，把实现好、维护好、发展好群众的根本利益当作我们开展调查研究的努力方向和奋斗目标。习近平同志强调，"为群众办实事，要扎扎实实，坚持不懈，久久为功"②。群众最盼、最急、最忧、最怨的问题往往与群众的切身利益密切相关，都是关乎民生民计的重要问题，是我们调查研究的重点和难点。党员干部下基层搞调研不能凌驾于人民群众之上，不能搞特权思想和特殊待遇。调查研究实践要始终强化和坚持人民利益至上的要求和原则，学会从人民群众的角度和立场感受"民间冷暖"，深入思考"问题深浅"。党员干部只有始终将人民群众放在首位，摆在心头，才能真正身入基层，心入基层，取得可喜的调研实效。

党员干部作调查研究要坚持人民智慧至上。习近平总书记特别指出："人民群众有着无尽的智慧和力量。"③调查研究过程要重视发挥群众的积极作用，鼓励他们勇于表达自己的意见，主动向群众请教，以群众为师，时刻关注群众的需求，把人民满意度作为衡量工作实效的重要指标。习近平总书记多次告诫领导干部：搞好调查研究，一定要从群众中来、到群众中去，广泛听取群众意见，从人民群众的社会实践中获得正确认识。党和人民的关系如同学生和老师的关系，广大党

---

① 习近平：《谈谈调查研究》，《学习时报》2011 年 11 月 21 日。

② 习近平：《摆脱贫困》，福建人民出版社 1992 年版，第 14 页。

③《习近平谈治国理政》第二卷，外文出版社 2017 年版，第 52 页。

员干部要像学生一样如饥似渴地学习，像小学生一样谦逊，像对待老师那样恭敬地对待人民群众，从人民群众那里汲取丰富的精神食粮和宝贵的决策灵感。群众的真实想法和意见是调查研究工作的重点，要虚心对待群众的创新精神和新奇想法，诚恳地向群众请教，广泛听取群众意见，集群众之智慧和伟力作出科学决策，解决现实难题，切实增进人民福祉。

党员干部作调查研究要紧扣社会主要矛盾变化，努力满足人民日益增长的美好生活需要。党的十九大报告指出："中国特色社会主义进入新时代，我国社会主要矛盾已经转化为人民日益增长的美好生活需要和不平衡不充分的发展之间的矛盾。"补齐民生短板，在发展中保障和改善民生。新时代落实以人民为中心的发展思想，要把人民对美好生活的向往作为奋斗目标，多谋民生之利、多解民生之忧，在发展中补齐民生短板、促进社会公平正义。牢记为人民服务的宗旨，不断提高服务人民的能力水平。习近平总书记在中央党校（国家行政学院）中青年干部培训班开班式上发表重要讲话强调："要坚持从群众中来、到群众中去，真正成为群众的贴心人。要心中有群众，时刻把群众安危冷暖放在心上，认真落实党中央各项惠民政策，把小事当作大事来办，切实解决群众'急难愁盼'的问题。"① 中国特色社会主义进入了新时代，我们更要牢记全心全意为人民服务的根本宗旨，努力推进工作重心下移，提高工作能力和服务水平，使人民获得感、幸福

①《年轻干部要提高解决实际问题能力 想干事能干事干成事》，《人民日报》2020年10月11日。

感、安全感更加充实、更有保障、更可持续。一是广泛开展调查研究，在全心全意为人民服务中提升政治站位、提高工作能力，在真心实意向人民学习中拓展工作视野、丰富工作经验、提高理论联系实际的水平，在倾听人民呼声、虚心接受人民监督中自觉进行自我反省、自我批评、自我教育，在服务人民中不断完善自己。二是不断掌握新知识、熟悉新领域、开阔新视野，做到心中有底气、手中有办法、脚底有路子，全面提高领导能力和执政水平。三是把纪律挺在前面，驰而不息纠"四风"、正作风，不断巩固落实中央八项规定精神的成果，加大对侵害群众利益不正之风和腐败问题的查处力度，让权力在阳光下运行，让党员干部习惯在受监督和约束的环境中工作生活，锤炼过硬作风，更好为民履职、为民担责、为民服务。

三、党员干部调查研究能力不足

早在延安时期，毛泽东就曾经指出，"我们队伍里边有一种恐慌，不是经济恐慌，也不是政治恐慌，而是本领恐慌"。"本领恐慌"就是"心里没底""本领不够高强"，原因是能力不足，根源是调查研究深入不够。进入新时代，习近平总书记在党的十九大报告中指出，领导13亿多人的社会主义大国，我们党既要政治过硬，也要本领高强。继十八届中央政治局集体学习走出中南海，把"课堂"搬到了中关村之后，2019年1月25日，十九届中央政治局集体学习把"课堂"安排在了人民日报社，采取调研、讲解、讨论相结合的形式进行学习，为全党在调查研究中加强学习树立了典范。领导干部要增强看齐意识，通过调查研究向群众学习，向实践学习，真正克服能力不足带来的"本领恐慌"。

时代在向前发展，国家在快速进步，社会面貌日新月异。新机遇、新科技、新知识层出迭见，令人眼花缭乱，新挑战、新矛盾、新冲突日益凸显，让人措手不及。与此同时，我国改革已进入攻坚克难的关键期，所面临的问题都是杂问题、难问题、愁问题，所碰触的都是关于利益的敏感问题。如何协调好各方面复杂利益，处理好各种难题，解决好多样性矛盾是摆在我们党面前十分艰巨的任务。面对严峻形势、应对艰难挑战、解决好复杂问题，对我们党提出了更高的执政要求，需要我们党不断增强执政能力，提高执政本领。当前，我们党仍然面临"能力不足"的危险、"本领恐慌"的问题，如果畏葸不前、原地踱步、不求上进，那将是十分危险的。习近平同志指出："调查研究多了，基层跑遍、跑深、跑透了，我们的本领就会大起来，我们的认识就会产生飞跃，我们的工作就会做得更好。"[1]只有通过深入的调查研究，"才能从根本上保证党的路线方针政策和各项决策的正确制定与贯彻执行"[2]。调查研究是一举多得的有益创举，是主观见之于客观的实践活动，有利于我们党了解民情，从源头上找到问题和矛盾，化解各类难题。各种形式的调查研究实践能够为群众解决实际问题，密切党群干群关系，从群众丰富多彩的社会实践中汲取灵感和智

---

① 习近平：《干在实处　走在前列——推进浙江新发展的思考与实践》，中共中央党校出版社 2006 年版，第 534 页。

② 习近平：《谈谈调查研究》，《学习时报》2011 年 11 月 21 日。

慧，有助于涵养求真务实的工作作风和为人民服务的优良作风。深入的调查研究能帮助广大党员干部放下官架，去掉官气，真正成为人民的公仆和勤务员，切实增强执政能力和执政本领，提高为人民服务的水平。

习近平同志强调："调查研究是做好领导工作的一项基本功，调查研究能力是领导干部整体素质和能力的一个组成部分。""调查研究的过程，是领导干部提高认识能力、判断能力和工作能力的过程。"[1] 党员干部不是万能的，不是全才，不是神通广大的，不一定什么事情都清楚、什么问题都了解，难免有知识盲区和工作难点，难免有不足之处和需要改进的方面。党员干部需要不断学习新知识，不断增强工作能力，不断提高工作本领以适应现实需要。调查研究是党员干部不断完善提升自己的重要途径。一方面，党员干部在调查研究中保持谦虚务实的作风，虚怀若谷，密切联系群众，以人民群众为师，从人民群众的首创精神和丰富实践中获取灵感，汲取人民群众的智慧，更好地提高自我完善本领。另一方面，调查研究能力是党员干部工作本领强弱最直观最鲜明的彰显和表现。"知政失者在草野"，党员干部在调查研究过程中，深入实地，深入基层，同各行各业的人员打交道，把握不断变化发展的客观事物的规律，切身体会感知民众疾苦，切实增强人民情怀，带着问题下去，带着答案回来，对事物有自己的客观分析和判断。在这一过程中，党员干部既要调用自己既有的知识和能力素质，又要不断学习，提高能力素质，提高调查研究能力以适应和满足

---

[1] 习近平：《谈谈调查研究》，《学习时报》2011 年 11 月 21 日。

客观实践活动的需要。广大党员干部只有运用好调查研究这一尖锐利器,才能在实际工作中真正有所作为。

习近平同志指出:"调查研究,是对客观实际情况的调查了解和分析研究,目的是把事情的真相和全貌调查清楚,把问题的本质和规律把握准确,把解决问题的思路和对策研究透彻。"[①] 这一重要论述明确说明了党员干部开展调查研究的重要目的和所要达到的预期目标,即通过具体的调研实践拨开层层迷雾,进而把握客观事物的真相,认清问题的本质,理顺解决问题的思路,作出科学有效的决策。习近平总书记在中央党校(国家行政学院)中青年干部培训班开班式上发表重要讲话强调:"做到科学决策,首先要有战略眼光,看得远、想得深。领导干部想问题、作决策,一定要对国之大者心中有数,多打大算盘、算大账,少打小算盘、算小账,善于把地区和部门的工作融入党和国家事业大棋局,做到既为一域争光、更为全局添彩。"[②] 实际工作中,我们不仅要注重调研过程,更要注重调研实效,使调研成果真正发挥作用。

习近平同志指出:"调研工作务求'深、实、细、准、效'。"[③] 深、实、细、准、效是调查研究的基本要求,也是开展好调查研究工作的重要保障。进入新时代新征程,要想做好调查研究工作,广大党员干

---

① 习近平:《谈谈调查研究》,《学习时报》2011 年 11 月 21 日。

②《年轻干部要提高解决实际问题能力 想干事能干事干成事》,《人民日报》2020 年 10 月 11 日。

③ 习近平:《之江新语》,浙江人民出版社 2007 年版,第 1 页。

部必须在"深、实、细、准、效"上使足气力，下足功夫。这五字要诀逐级推进，环环相扣，相互制约，相互作用，构成了比较系统有序的调查研究体系。深刻理解和把握这五字要诀，对新形势下顺利高效开展调查研究至关重要。

所谓"深"，习近平同志指出："就是要深入群众，深入基层，善于与工人、农民、知识分子和社会各界人士交朋友，到田间、厂矿、群众和社会各层面中去解决问题。"①"深"是开展调查研究工作的基本前提。党员干部如果习惯坐在办公室里隔空指挥，喜欢通过电话下指示，热衷于批示文件作指导，那么取得的工作实效是微小的，其消极影响是显而易见的，容易形成歪风邪气。调查研究是谋事之基、成事之道。面对新形势新任务，"凭经验办事、拍脑袋决策"已经行不通，唯有通过深入调查研究，把问题找准、把解决问题的办法研究透，才能成功应对"四大考验"和"四种危险"。要有问题意识，在拟定调研课题、制定调研方案时认真分析研讨，提出问题清单。只有这样，调研工作才有针对性和可操作性，才会有所收获。在技术迅猛发展的今天，党员干部仍然要下基层作调研。党员干部只有走出办公室，走出"文山会海"，深入基层，贴近群众、贴近生活、贴近实际，才能通过自身的切实体验和丰富实践看到在办公室里难以看到的景象，与群众面对面地沟通交流，知悉他们的真实想法，获得第一手的考察调研资料，以便作出科学有效的决策。

所谓"实"，习近平同志指出："就是作风要实，做到轻车简从，

---

① 习近平:《之江新语》，浙江人民出版社 2007 年版，第 1 页。

简化公务接待，真正做到听实话、摸实情、办实事。"① 调查研究想要有实效，务"实"是内在要求。广大党员干部在调查研究过程中要牢固树立求真务实的工作作风，不贪虚功，不务虚名，务人民群众利益之实，务解决问题之实，发扬实干兴邦的精神，杜绝空谈口号、扯破嗓子的形式主义作风。党员干部要着力提高自己的认识水平，努力增强自己的党性修养，坚决反对特权思想，用真心用真情参与调查研究，真正观民情、体民意、察民生，真正通过调查研究为人民群众解决所忧愁的问题，真正通过调查研究为人民群众办实事，切实维护人民群众的利益。

所谓"细"，习近平同志指出："就是要认真听取各方面的意见，深入分析问题，掌握全面情况。"② 调查研究想要有实效，做"细"是重要保障。它主要体现为调研对象主体构成的多元化和调研对象主体意见的多样性。党员干部要尽可能地跑遍任职范围。习近平总书记特别提到，"当县委书记一定要跑遍所有的村，当市委书记一定要跑遍所有的乡镇，当省委书记一定要跑遍所有的县市区"③。调研对象主体既要包括干部又要包括群众，既要包括农民又要包括工人、知识分子、企业家、军人、个体户等，既要包括青壮年人也要包括老年人，既要包括机关单位也要包括基层组织，既要包括先进发达的地区也要包括落后贫穷的地方，要确保调研对象主体的多元化、全面性和层次性，

① 习近平:《之江新语》，浙江人民出版社 2007 年版，第 1 页。

② 习近平:《之江新语》，浙江人民出版社 2007 年版，第 1 页。

③《习近平谈治国理政》第二卷，外文出版社 2017 年版，第 144—145 页。

既要听取顺耳之言也要听取逆耳之言，既要请群众反映情况也要请群众提出意见，既要听群众报喜，也要听群众报忧，既要听取得的成绩也要听存在的问题和不足，要确保调研对象主体意见的多样性、全面性和辩证性。只有这样，才能把握事情的全貌，弄清问题所在，摸清底细，掌握实况，进而提高调查研究的成效。

所谓"准"，习近平同志指出："就是不仅要全面深入细致地了解实际情况，更要善于分析矛盾、发现问题，透过现象看本质，把握规律性的东西。"①"准"也是调查研究工作取得成效的重要保障。这就要求党员干部在开展调查研究工作的时候，既要树立系统思维和大局意识，全面客观了解实情和情况，又要尽量避免调查行动的盲目性随意性，防止出现"螃蟹吃豆腐"现象，吃得不多抓得太多；既要细致深入地掌握情况，又能通过事物的表象抓住问题的本质和规律，一语中的，不泛泛而谈或夸夸其谈，更不能一叶障目，不见泰山。广大党员干部要学会在深入细致把握实情实况的基础上抓主要矛盾和矛盾的主要方面，抓住问题的本质，积极探求事物发展的规律，树立问题意识，坚持问题导向，带着问题走下去，突出和强化重点，切中要害，对症下药，有的放矢，精准调研，这样才能不断提高调研水平，收获意想不到的调研成效。

所谓"效"，习近平同志指出："就是提出解决问题的办法要切实可行，制定的政策措施要有较强操作性，做到出实招，见实效。"②

① 习近平:《之江新语》，浙江人民出版社 2007 年版，第 1 页。
② 习近平:《之江新语》，浙江人民出版社 2007 年版，第 1 页。

"效"是调查研究的终极目标和努力方向，也是衡量调查研究水平高低的重要依据。调查研究工作开展成效如何，并非看调查研究的场面多大，涉及范围多广，也并非看持续时间多长，动员人数多少。调查研究追求的并不是冠冕堂皇、风风火火的一些外在形式和做派，它所取得的实际效果、发挥的实际效能，真正解决的实际问题更具有说服力。这才是衡量调查研究水平高低的重要依据和评判标准。广大党员干部在实际调研中要努力提高工作实效，必须注重调研成果的运用和转化，充分利用好调研得到的第一手资料，经过仔细斟酌，反复比较，制定实效性、操作性较强，成本较低的解决问题的最优对策和举措，大力倡导和发扬钉钉子精神，努力使思想与行动统一到全面建设社会主义现代化国家的战略部署上来，把各项工作贯彻好落实好。

调查研究，从字面上看，既要调查又要研究，包括调查和研究这两个基本环节。调查是前提，研究是重点，两者紧密结合，相辅相成，不可分离。开展调查研究工作，开好头固然重要，而收好尾也不容忽视。习近平同志明确指出："有调查不够的问题，也有研究不够的问题，而后一个问题可能更突出。"① 深调查浅研究、只调查不研究，收效是微弱的，甚至是做了无用功。习近平同志进一步强调："调查结束后一定要进行深入细致的思考，进行一番交换、比较、反复的工作，把零散的认识系统化，把粗浅的认识深刻化，直至找到事物的本质规

---

① 习近平:《谈谈调查研究》,《学习时报》2011 年 11 月 21 日。

律，找到解决问题的正确办法。"① 我们必须认识到，调查只是手段，把收集到的资料研究透、运用好才是目的，把问题真正解决才是目的。因此，调研过程要始终坚持调查与研究密切结合，实现调查和研究有机结合，反对只重视调查轻视研究或轻视调查重视研究的两种错误倾向。只调查不研究，那么调查就会丧失价值，只研究不调查，那么研究就缺乏客观基础。开展调查研究必须做到调研并重、调而有研、研以致用，唯有如此才能收到事半功倍的效果。

调查研究是进行社会科学研究必不可少的重要环节，作为一门追求实效的科学，不仅要有明晰的目的，设计具体的调查研究内容，制定细致缜密的调查研究计划，而且需要把握和采用合理的调查研究方法。因此，党员干部在开展调查研究工作时要注重综合运用多种方法，实现传统调查方法和现代调查方法相结合。习近平同志指出："调查研究方法也要与时俱进……要适应新形势新情况特别是当今社会信息网络化的特点……学习、掌握和运用现代科学技术的调研方法。"②当前，社会发展蒸蒸日上，科技发展一日千里，我们必须尽快适应时代的这种大发展，以现代化的信息技术为依托，以新媒体、互联网、大数据为基本媒介和工具，熟悉并掌握一些科学先进的现代调查研究方法，比如电话调查、网络调查、系统调查、抽样调查等，掌握新型信息技术，不断提升获取信息的能力，多方面、多渠道地了解事物、把握情况，实现传统调查研究方法和现代调查研究方法的优势互补，

① 习近平:《谈谈调查研究》,《学习时报》2011 年 11 月 21 日。

② 习近平:《谈谈调查研究》,《学习时报》2011 年 11 月 21 日。

不断提高调查研究工作的效率，不断提高调查研究工作的科学性、准确性，进而提高调查研究工作的质量和实效。

调查研究是探求问题本质和规律的关键途径，是党员干部作出科学决策的重要前提，是中国共产党的传家宝。面对复杂多变的国际新形势，我国必会遇到一些新的挑战，面对艰巨的全面深化改革、党的建设和现代化建设任务和目标，我们必会遇到一些棘手的问题。要从容应对挑战，解决问题，我们要不断强调和重视调查研究，认识调查研究的重要地位和作用。习近平总书记高度重视调查研究，其关于调查研究的重要论述源于对马克思主义调查研究思想的借鉴，源于对中国传统文化中调查研究思想的借鉴，源于对全党调查研究实践经验的总结。对党而言，调查研究是我们党的传家宝；对个人而言，调查研究是谋事之基、成事之道。习近平同志认为，开展调查研究应当遵循一定的原则，他梳理了实事求是、问题导向、厉行节约、人民至上四大原则，并进一步梳理出提高调查研究成效的一些实践路径：调研工作务求"深、实、细、准、效"，建立和完善制度，保证调查研究经常化，实现调查和研究的有机结合，与时俱进拓展调查研究的方式方法等，以提高调查研究实效。

综上所述，党员干部作调查研究要充分认识调查研究的根本目的是解决问题，调研过程应以问题为中心，坚持实事求是原则，科学设置调研提纲，摸清实际情况。同时，在调研地点安排上，既要到工作局面好和先进的地方去总结经验，又要到困难较多、情况复杂、矛盾尖锐的地方去研究问题。只有这样，才能及时了解新情况、发现新问题，搞清楚问题是什么、症结在哪里。调查研究隔层纸，政策执行就隔座山。衡量调研搞得好不好，不是看调研的规模多大、时间多长，也不是看调研报告写得怎么样，而是看调研的实效和调研成果的运用，看能不能把问题解决好。不仅要"身入"基层，更要"心入"基层，深入了解民情、掌握实情，着力摸清群众的操心事、烦心事。在调查结束后进行深入细致的思考、分析、比较和研究讨论，把零散的调查情况进行整理汇总，把粗浅的认识判断进行深化提升，直击问题根源，拿出解决难题的实招、硬招，找到解决问题的办法。

第三章

全党大兴调查研究的
总体要求

2023年3月，中共中央办公厅印发的《关于在全党大兴调查研究的工作方案》（以下简称《方案》）提出了总体要求，在全党大兴调查研究，要坚持以习近平新时代中国特色社会主义思想为指导，全面贯彻落实党的二十大精神，紧紧围绕党的理论和路线方针政策、党中央重大决策部署的贯彻执行，大力弘扬党的光荣传统和优良作风，突出问题导向和目标导向，促进广大党员、干部特别是领导干部带头深入调查研究，不断深化对党的创新理论的认识和把握，善于运用党的创新理论研究新情况、解决新问题、总结新经验、探索新规律，扑下身子干实事、谋实招、求实效，使调查研究工作同中心工作和决策需要紧密结合起来，更好为科学决策服务，为提高党的执政能力和领导水平服务，为完成新时代新征程的使命任务服务。

在全党大兴调查研究，必须坚持党的群众路线，从群众中来、到群众中去，增进同人民群众的感情，真诚倾听群众呼声、真实反映群众愿望、真情关心群众疾苦，自觉向群众学习、向实践学习，从人民的创造性实践中获得正确认识，把党的正确主张变为群众的自觉行动。必须坚持实事求是，坚守党性原则，一切从实际出发，理论联系实际，听真话、察实情，坚持真理、修正错误，有一是一、有二是二，既报喜又报忧，不唯书、不唯上、只唯实。必须坚持问题导向，增强问题意识，敢于正视问题、善于发现问题，以解决问题为根本目的，真正把情况摸清、把问题找准、把对策提实，不断提出真正解决问题的新思路新办法。必须坚持攻坚克难，发扬斗争精神，增强斗争本领，勇于涉险滩、破难题，知难而进、迎难而上，把调查研究成果转化为推进工作、战胜困难的实际成效。必须坚持系统观念，深入实际、深入基层、深入群众调查了解情况，把握好全局和局部、当前和长远、宏观和微观、主要矛盾和次要矛盾、特殊和一般的关系，前瞻性思考、全局性谋划、整体性推进党和国家各项事业。

第一节　调查研究的指导思想

调查研究是一项复杂的工作，要有正确的思想作指导。当前和今后一个时期，调查研究工作要以习近平新时代中国特色社会主义思想为指导，认真贯彻落实党的二十大精神的总体要求。

习近平同志一贯高度重视调查研究，尤其重视机关和机关干部的调查研究。他强调，机关干部要经常走出机关，"深入实际、深入基层、深入群众，进行各种形式和类型的调查研究""在此基础上作出正确的决策"。[①]各级领导机关要"坚持和完善先调研后决策的重要决

---

① 习近平：《谈谈调查研究》，《学习时报》2011年11月21日。

策调研论证制度"①。习近平同志指出："领导干部不论阅历多么丰富，不论从事哪一方面工作，都应始终坚持和不断加强调查研究。""现在的交通通信手段越来越发达，获取信息的渠道越来越多，但都不能代替领导干部亲力亲为的调查研究。因为直接与基层干部群众接触，面对面地了解情况和商讨问题，对领导干部在认识上和感受上所起的作用和间接听汇报、看材料是不同的。"②

第一，调查研究是科学方法。习近平同志强调："调查研究是一门致力于求真的学问，一种见诸实践的科学。"③马克思主义作为中国共产党的指导思想，是一门哲学也是一门科学，不只解释世界，而且要改造世界。习近平总书记关于深入开展调查研究的重要论述是马克思主义唯物论和认识论在新时代解决社会现实问题和科学决策过程中的运用和发展。解决问题不是闭门造车般主观想象，而是通过调查获得第一手材料后经过研究分析的理性升华。科学决策不是脱离群众的"拍脑袋"，而是"从群众中来，到群众中去"的循环往复。为了发现事物的规律，研究不仅包括书本理论的研究，还包含深入社会实际的调查研究。调查研究包含两个重要方面，一是深入细致的调查活动，二是经过调查获得第一手资料之后进行的研究分析。调查研究的目的是分析问题、发现规律，提出问题的解决对策。调查后的研究分析要坚持具体问题具体分析，运用对立统一规律分析事物的内在规律。分

---

① 习近平：《谈谈调查研究》，《学习时报》2011 年 11 月 21 日。

② 习近平：《谈谈调查研究》，《学习时报》2011 年 11 月 21 日。

③ 习近平：《之江新语》，浙江人民出版社 2007 年版，第 166 页。

析研究一手资料需要遵循认识论的一般特点，坚持从个别到一般，又从一般到个别的循环往复过程。只有通过不断地抽丝剥茧，剔除包含偶然因素的局部信息，作出分析和比较，将事物的本来面貌还原出来、调查清楚，最后才能得出指导实践的科学论断。

第二，调查研究的根本目的是解决问题。习近平同志指出："调查研究，是对客观实际情况的调查了解和分析研究，目的是把事情的真相和全貌调查清楚，把问题的本质和规律把握准确，把解决问题的思路和对策研究透彻……调查研究的根本目的是解决问题。"[1] 习近平总书记深入开展调查研究的重要论述继承和发展了马克思主义的唯物历史观，坚持从实际出发解决社会现实问题。马克思否定抽象地、直观地看待事物，坚持以唯物的、历史的现实性分析问题、解决问题。

第三，调查研究是科学决策的基础。习近平同志指出："我们作出一项科学合理的决策，往往需要大量客观、真实、有效的信息。这就需要我们进一步加强调查研究，问计于基层，问计于群众，看到第一手材料，获得真知灼见，形成正确思路，作出科学判断。"[2] 习近平总书记关于深入开展调查研究的重要论述强调群众是历史的创造者，依托群众的智慧才能作出有利于党和国家的科学决策。正确的调查研究方式是群众参与决策制定过程，贯彻"从群众中来，到群众中去"的工作方法。总结中国几千年王朝兴衰史，国家发展要跳出历史周期率，必须依靠民

---

① 习近平：《谈谈调查研究》，《学习时报》2011 年 11 月 21 日。

② 习近平：《干在实处　走在前列——推进浙江新发展的思考与实践》，中共中央党校出版社 2006 年版，第 556 页。

主，依靠群众参与党和国家决策。党的 100 多年奋斗史证明，中国共产党是扎根在人民群众中成长起来的，和人民群众具有水乳交融、休戚与共的血肉联系。群众的参与是中国共产党科学执政的智慧来源，是人民幸福、国家富强、民族复兴的基础保障。中国共产党有马克思主义先进理论的指导，有严格的组织性和纪律性，有能力领导群众。但是领导群众不是脱离群众，不是命令群众，而是要坚持"从群众中来，到群众中去"。党制定政策先要经过深入群众作调查研究，收集群众的意见后对其进行分析总结，形成领导机关的决策，然后将决策贯彻落实到群众中，使群众坚持并付诸行动，在群众中考验决策是否正确。经过这样循环往复的运行，党的理论和路线方针政策才具有科学性、实践性。

第二节　调查研究遵循的原则

调查研究必须坚持以科学的理论为指导，遵循群众路线、实事求是、问题导向、攻坚克难和系统观念的原则。在这些原则的指导下，党员干部要从客观实际出发、因地制宜做好调查研究工作。

一、必须坚持群众路线

群众路线是我们党的根本工作路线和最基本的领导方法。领导干部进行调查研究的目的是面向群众，到群众中寻求真理。认识源于实践，实践的主体是人民群众，只有千百万人民的实践，才是检验真理的尺度。在调查研究中要坚持群众路线的原则。习近平同志认为:"人民群众是共产党存在和发展的基础、力量和智慧的源泉。共产党最基本的一条经验是一刻也不能脱离人民群众。"① 他多次强调,调查研究必须坚持群众路线,要广泛听取群众意见,尤其对群众最盼、最急、最忧、最怨的问题更要主动调研、抓住不放。

人民是历史的创造者,人民群众是我们党的力量源泉。领导干部要真正悟透群众是真正的英雄,因为"人民群众的社会实践,是获得正确认识的源泉,也是检验和深化我们认识的根本所在"②。人民群众是社会实践的主体,是革命实践活动的最具体、最直接、最积极的参与者,对客观事物实践效果的认识最真实、最全面、最丰富。不论采取什么样的方式搞调查研究,都不能离开群众,都是向群众作调查、寻真理。如果偏离了群众观点,忽视了群众的主体作用,漠视了群众利益,尽管我们的调查研究方案再周全、方法再科学,都违背了调查研究的根本出发点。可见,贯彻群众路线与开展调查研究具有内在一致性,调查研究就是要重视人民的主体地位,尊重人民意志,这是实现党性和人民性相统一、决策权力和人民权利相统一的重要手段。

二、必须坚持实事求是

调查研究要坚持实事求是的原则。对调查了解到的真实情况和各

---

① 习近平:《之江新语》,浙江人民出版社 2007 年版,第 146 页。
② 习近平:《谈谈调查研究》,《学习时报》2011 年 11 月 21 日。

种问题，坚持有一是一、有二是二，既报喜又报忧，不唯书、不唯上、只唯实。我们必须对实际情况作深入系统而不是粗枝大叶的研究，使思想、行动、决策符合客观实际。"在调查研究中能不能、敢不敢实事求是，不只是认识水平问题，而且是党性问题。只有公而忘私，把党和人民利益放在第一位，才能真正做到实事求是。在领导机关、领导干部中，要进一步营造和保持讲真话、讲实话、讲心里话的良好氛围，鼓励如实反映情况和提出不同意见，积极开展批评与自我批评，坚决反对上下级和干部之间逢迎讨好、相互吹捧，坚决反对把党内生活庸俗化。"①

实事求是作为我们党思想路线的核心，是我们党的基本思想方法、工作方法、领导方法。调查研究是贯彻实事求是思想路线的最佳途径。摸实情离不开调查研究，搞调查研究也离不开实事求是。搞调研要把实践和基层作为最大的课堂，把群众作为最好的老师，沉下去、转作风、接地气。坚持实事求是，是共产党人开展一切工作的根本原则和基本前提。习近平总书记指出："我们要自觉坚定实事求是的信念、增强实事求是的本领，时时处处把实事求是牢记于心、付诸于行。"② 他强调，调查研究必须坚持实事求是的原则，要求"全党同志一定要把实事求是贯穿到各项工作中去，经常、广泛、深入开展调查研究""察实情、出实招，充分反映实际情况，使理论和政策创新有

---

① 习近平:《谈谈调查研究》,《学习时报》2011 年 11 月 21 日。

②《习近平谈治国理政》第一卷，外文出版社 2018 年版，第 26 页。

根有据、合情合理"。①

三、必须坚持问题导向

领导干部作调查研究，必须坚持问题导向。党的二十大报告明确指出："我们要增强问题意识，聚焦实践遇到的新问题、改革发展稳定存在的深层次问题、人民群众急难愁盼问题、国际变局中的重大问题、党的建设面临的突出问题，不断提出真正解决问题的新理念新思路新办法。"

开展调查研究的目的是把事情的真相和全貌调查清楚，把问题的本质和规律把握准确，把解决问题的思路和对策研究透彻。衡量调查研究的质量和水平，不是看调查研究的范围是否广泛、规模是否庞大、时间是否足够长，也不是看调研报告和汇报内容是否精彩，而是看是否将情况摸清楚、原因剖析透、问题解决好，这就要求领导干部坚持问题导向。坚持问题导向，调查研究要聚焦现实问题。"调查研究，是对客观实际情况的调查了解和分析研究，目的是把事情的真相和全貌调查清楚，把问题的本质和规律把握准确，把解决问题的思路和对策研究透彻"②。领导干部搞调研要有明确的目的，带着问题下去，尽力掌握调研活动的主动权。为了客观、准确、透彻了解掌握事实真相，

---

① 中共中央党史和文献研究院编：《十九大以来重要文献选编》（中），中央文献出版社 2021 年版，第 668 页。

② 习近平：《谈谈调查研究》，《学习时报》2011 年 11 月 21 日。

在调研中不能只有"规定路线"，还应有"自选动作"，看一些没有准备的地方，搞一些不打招呼、不作安排的随机性调研。习近平总书记在中央财经领导小组第十二次会议上，强调要"深入调查研究，搞好基础数据测算，善于解剖麻雀，把实际情况摸准摸透，胸中有数，有的放矢"①，体现了强烈的问题意识、问题导向。

四、必须坚持攻坚克难

复杂问题往往没有简单的解决办法，只能靠勤于实践、攻坚克难。《方案》提出："必须坚持攻坚克难，发扬斗争精神，增强斗争本领，勇于涉险滩、破难题，知难而进、迎难而上，把调查研究成果转化为推进工作、战胜困难的实际成效。"

党的十八大以来，习近平总书记广泛深入进行调查研究，攻坚克难，不断丰富发展新时代治国理政的理论和实践。他走遍14个集中连片特困地区，看真贫、扶真贫，直接听取贫困地区干部群众意见，不断完善扶贫思路和扶贫举措，不断推进脱贫攻坚工作，带领全党全国各族人民共同努力、如期打赢脱贫攻坚战；多次考察京津冀地区，亲自谋划京津冀协同发展，在一次次实地调研督导中，推动京津冀协同发展的蓝图一步步变为现实……事实证明，只要坚持攻坚克难，扑下身子搞好调查研究，把问题找准、把思路厘清、把办法找到，推进

①《研究供给侧结构性改革方案、长江经济带发展规划、森林生态安全工作》，《人民日报》2016年1月27日。

工作就能事半功倍，战胜困难就能更有底气。

五、必须坚持系统观念

系统观念是具有基础性的思想和工作方法。《方案》提出："必须坚持系统观念，深入实际、深入基层、深入群众调查了解情况，把握好全局和局部、当前和长远、宏观和微观、主要矛盾和次要矛盾、特殊和一般的关系，前瞻性思考、全局性谋划、整体性推进党和国家各项事业。"

习近平总书记多次强调系统观念的重要性，"要站在全局和战略的高度想问题、办事情"①。在调查研究中，坚持系统观念，要把握好全局和局部的关系，局部和全局互相依存、互相促进；把握好当前和长远的关系，当前和长远是辩证的统一，互为条件、相辅相成；把握好宏观和微观的关系，微观是宏观的基础，宏观是微观的环境；把握好主要矛盾和次要矛盾的关系，坚持整体把握情况，对各种矛盾做到心中有数，同时又要优先解决主要矛盾和矛盾的主要方面，以此带动其他矛盾的解决；把握好特殊和一般的关系。坚持系统观念是马克思主义理论的基本方法论，是指导调查研究的重要原则。调查研究过程要把握好全局和局部、当前和长远、宏观和微观、主要矛盾和次要矛盾、特殊和一般的关系，有助于找到破解难题的办法和路径，提高调查研究的能力和水平。

---

① 《习近平谈治国理政》第四卷，外文出版社 2022 年版，第 42 页。

第三节　全党大兴调查研究的主要方面

习近平总书记在党的二十大报告中强调："我们要增强问题意识，聚焦实践遇到的新问题、改革发展稳定存在的深层次问题、人民群众急难愁盼问题、国际变局中的重大问题、党的建设面临的突出问题，不断提出真正解决问题的新理念新思路新办法。"问题是时代的声音。我们要坚持以"问题导向"指导"调研方向"，聚焦矛盾和问题，解决急迫和重要的问题。《方案》提出了 12 个方面的重点问题、具体问题，为全党开展调查研究划出了重点和范围。

一、贯彻落实党中央决策部署和习近平总书记对本地区本部门本领域工作重要指示批示精神的主要情况和重点问题

调查研究要紧紧围绕贯彻落实习近平新时代中国特色社会主义思想和党中央决策部署，边调研边学习，边对照检查边整改落实。领导干部要充分运用习近平新时代中国特色社会主义思想指导调查研究，在调研中深化对党的创新理论和党中央大政方针的理解，深化对党的初心使命的感悟，深化对党的群众路线的体悟，在理论联系实际的过程中寻找解决问题的办法措施。

只有在充分贯彻落实党中央决策部署和习近平总书记对本地区本部门本领域工作重要指示批示精神的基本前提下，调查研究的方向

才是正确的。位于武陵山腹地的湘西土家族苗族自治州花垣县十八洞村，曾是全国14个集中连片特困地区脱贫攻坚主战场之一。2013年11月3日，习近平总书记来到十八洞村考察。在十八洞村梨子寨村民院坝的前坪上，面对围坐在身边的父老乡亲，习近平总书记首次提出"精准扶贫"的重要理念，作出了"实事求是、因地制宜、分类指导、精准扶贫"的重要指示。在精准扶贫理念指引下，十八洞村进入湖南省第一批退出贫困村行列，大步踏上了乡村振兴的致富路。

西藏自治区在扶贫开发工作中，不断践行党中央决策部署和习近平总书记的重要指示精神，充分开展调查研究，有力地指导了扶贫开发工作的顺利开展。2013年3月9日，习近平总书记参加十二届全国人大一次会议西藏代表团审议时，提出"治国必治边，治边先稳藏"。2015年8月，习近平总书记在中央第六次西藏工作座谈会上再次强调"治国必治边，治边先稳藏"。他将藏族地区治理提高到国家治理的高度，凸显了藏族地区治理的重要性。西藏自治区治理中较为重要的是贫困治理。西藏自治区充分利用自身地理环境优势，深入调研和分析，实现了虫草产业缓解贫困的目的，形成了"新采集经济"。藏族传统的农牧结合是非常牢固的经济结构，今天已经演变成一个在短期内牢固的，以野生草药（包括虫草、贝母、羌活等）和松茸等菌类采集为主、青稞种植和畜牧养殖为辅的生产结构。虫草采集成为家庭主要收入来源，种养殖业成为副业。西藏自治区的农牧民之所以同时从事种养殖业和采集业，既是基于农户以家庭为经营单位的组织性逻辑，也受国家政策的影响，更与藏区特有的草药资源有关。植根于农牧民的生计方式优化选择，青藏高原的"新采集经济"逐渐形成。

种植、畜牧业、采集业的结合，是青藏高原上的农牧民在长期适应自然环境中形成的符合区域特征的生计方式。正是在调查研究中认真贯彻落实党中央决策部署和习近平总书记对本地区本部门本领域工作重要指示批示精神，西藏自治区脱贫成效显著。

二、贯彻新发展理念、构建新发展格局、推动高质量发展中的重大问题，推进高水平科技自立自强，扩大国内需求、深化供给侧结构性改革、建设现代化产业体系、落实"两个毫不动摇"、吸引和利用外资，全面推进乡村振兴中的主要情况和重点问题

理念是行动的先导，一定的发展实践都是由一定的发展理念来引领的。创新、协调、绿色、开放、共享的新发展理念回答了关于发展的目的、动力、方式、路径等一系列理论和实践问题，阐明了我们党关于发展的政治立场、价值导向、发展模式、发展道路等重大政治问题。新发展理念是由创新发展理念、协调发展理念、绿色发展理念、开放发展理念、共享发展理念构成的一个有机整体，不仅体现着辩证唯物主义和历史唯物主义的方法论和系统观，而且体现着我们党对当代社会经济发展一般规律的最新科学认识，标志着我们党对中国特色社会主义经济发展规律的认识达到了一个全新的高度和境界。深入学习和全面贯彻习近平经济思想，必须深刻认识新发展理念的理论创新性，准确把握其中所蕴含的科学方法论和理论精髓。新发展理念全面揭示了当代社会经济发展的一般规律，是马克思主义发展理论的重大

创新。总的来看，新发展理念是在深刻总结国内外发展经验教训的基础上形成的，也是在深刻分析国内外发展大势的基础上形成的，集中反映了我们党对经济发展规律认识的深化。马克思主义的历史唯物主义理论，从生产力与生产关系、经济基础与上层建筑的对立统一运动出发，深刻揭示了人类社会发展的一般规律。新发展理念全面深刻地反映了当代世界和人类社会发展面临的新矛盾新特征和新要求新趋势，深刻揭示了创新、协调、绿色、开放、共享发展的当代世界发展共同趋势和内在要求，是历史唯物主义理论的重大发展，具有深刻的方法论价值和世界意义。新发展理念全面反映了新时代中国特色社会主义的发展规律，是我们党对中国特色社会主义经济发展和建设规律理论认识上的又一次升华，是中国特色社会主义政治经济学的重大创新。创新发展理念凸显了创新在当代经济社会发展中的第一驱动力地位，丰富发展了中国特色社会主义政治经济学关于科学技术是第一生产力的理论；协调发展理念体现了关于发展的平衡与不平衡的辩证法和系统论，丰富发展了中国特色社会主义政治经济学关于发展的整体性理论；绿色发展理念反映了可持续发展规律的内在要求，拓展了新时代人民美好生活需要的价值内涵；开放发展理念反映了经济全球化的时代潮流和内在要求，体现了构建人类命运共同体的理想追求，丰富发展了中国特色社会主义政治经济学的对外开放理论；共享发展理念反映了实现全体人民共同富裕的社会主义本质要求，指明了发展为了人民、发展依靠人民、发展成果由人民共享，不断实现好、维护好、发展好最广大人民根本利益的根本立场。

创新、协调、绿色、开放、共享新发展理念相互贯通、相互促进，是具有内在联系的集合体。必须从系统论的高度出发，深刻认识新发展理念之间的辩证关系，深刻把握新发展理念的理论精髓，克服各种形而上学的简单化、片面化理解和错误认识。具体来说，我们推动的创新发展，必须有利于协调发展，而不能在推动创新的同时又造成新的更多更大的不平衡不协调；必须使创新有利于绿色发展，而不能脱离生态文明建设的要求搞创新；我们推动的创新不是封闭式创新，而是在更加开放条件下的创新，必须进一步处理好独立自主与扩大开放之间的关系；必须使创新成果更加有利于全体人民共享，而不能在创新发展的同时又进一步扩大了收入分配差距。我们推动的协调发展，必须是通过创新来实现的动态平衡发展；实现人与自然的和谐共生，既是绿色发展的核心要义，也是协调发展的重要内涵，协调发展与绿色发展是内在统一的；统筹好国内国际两个市场、两种资源是促进协调发展的重要内涵，协调发展与开放发展是有机统一的；协调发展包含促进共同富裕的内在要求，是有利于共同富裕的协调发展。我们推动的绿色发展，必须是通过创新来实现的，不能为了单纯保护资源生态环境抑制各种创新；绿色发展必须有利于更好地协调各方面重大关系，不能因为保护资源生态环境造成更多新的不协调不平衡；人与自然的和谐共生是一个世界性问题，只有进一步全面扩大对外开放，才能真正实现绿色发展；绿色发展必须有利于经济增长，从而有利于增进全体人民福祉、更好满足人民美好生活需要，实现共享发展和全体人民共同富裕。我们推动的开放发展，必须更加有利于提升我国自主创新能力，有利于解决一系列"卡脖子"问题，不能搞照搬照抄式和产生依附性对外开放；开放发展必须有利于协调我国各方面重大关系，不能因为开放而使这些重大关系失调；开放发展必须有利于我国生态环境保护，不能为了扩大开放置我国已经十分紧张的生态环境问题而不顾；必须使开放的成果更多地惠及我国全体人民，不能因为更加开放导致我国收入分配差距进一步扩大化。我们推动的共享发展，必须通过各种创新来实现，同时必须有利于推动各种创新；共享发展必须有利于处理好各方面重大关系，有利于推动协调发展；共享发展必须有利于资源节约和生态环境保护，不能为了平衡经济利益关系，造成对生态环境新的破坏；共享发展必须有利于进一步扩大对外开放，在推动实现我国全体人民共同富裕的同时，也要更多地让世界人民分享中国发展成果，推动构建人类命运共同体。习近平总书记指出："新发展理念的提出，是对辩证法的运用；新发展理念的实施，离不开辩证法的指导。要坚持系统的观点，依照新发展理念的整体性和关联性进行系统设计，做到相互促进、齐头并进，不能单打独斗、顾此失彼，不能偏执一方、畸轻畸重。"①

构建以国内大循环为主体、国内国际双循环相互促进的新发展格局，是以习近平同志为核心的党中央根据我国发展阶段、环境、条件变化作出的重大决策，是把握发展主动权的先手棋，是适应我国发展新阶段形势、塑造国际合作和竞争新优势的必然要求。

加快构建新发展格局是适应新发展阶段的历史要求。我国已开启全面建设社会主义现代化国家的新征程，推动经济高质量发展，更好满足人民日益增长的美好生活需要，客观上都对国内市场主导经济

---

① 《习近平谈治国理政》第二卷，外文出版社 2017 年版，第 221 页。

循环提出更高要求。只有加快构建新发展格局，才能更好顺应发展大势，依托国内大市场优势，充分挖掘内需潜力，畅通国内国际双循环，增强我国发展的韧性和潜力，为实现第二个百年奋斗目标奠定坚实基础。

加快构建新发展格局是应对国际环境变化的战略部署。当前，世界百年未有之大变局加速演进，世界之变、时代之变、历史之变的特征更加明显。近年来，国际力量对比深刻调整，国际环境更加错综复杂。世纪疫情和乌克兰危机相互交织，全球产业链供应链紊乱、大宗商品价格高企、能源供应紧张等风险频发，国际政治经济格局和全球治理体系加速演变。与此同时，新一轮科技和产业革命迅猛推进，正在重构全球创新版图、重塑全球经济结构。只有加快构建新发展格局，才能更好把握机遇、应对挑战，有效化解外部冲击和外需下降带来的影响，在各种可以预见和难以预见的狂风暴雨、惊涛骇浪中，增强我们的生存力、竞争力、发展力、持续力。

加快构建新发展格局是塑造我国发展新优势的内在需要。习近平总书记强调，构建新发展格局"是基于我国比较优势变化，审时度势作出的重大决策"①。构建新发展格局，是充分发挥自身比较优势的必然要求，具有坚实的实践基础。

习近平总书记强调，构建新发展格局的关键在于经济循环的畅通无阻。下一步，我们要立足新发展阶段，完整、准确、全面贯彻新发

---

① 习近平：《新发展阶段贯彻新发展理念必然要求构建新发展格局》，《求是》2022年第17期。

展理念，加快构建新发展格局，推动高质量发展，提升国民经济体系整体效能，推动形成供需互促、产销并进的良性循环。

发展是党执政兴国的第一要务，是解决一切问题的基础和关键。牢牢把握高质量发展这个首要任务，推动高质量发展，是关系现代化建设全局的一场深刻变革，不仅是经济要求，而且是经济社会发展方方面面的总要求，不是一时一事的要求，而是必须长期坚持的要求。党的二十大科学谋划了未来一个时期党和国家事业发展的目标任务和大政方针，围绕加快构建新发展格局、着力推动高质量发展作出重大部署，为推动我国经济不断迈上新台阶、开创事业发展新局面指明了前进方向。习近平总书记在参加十四届全国人大一次会议江苏代表团审议时强调"高质量发展是全面建设社会主义现代化国家的首要任务"[1]，明确提出"四个必须"重要要求。在十四届全国人大一次会议闭幕会上，习近平总书记再次指出："在强国建设、民族复兴的新征程，我们要坚定不移推动高质量发展。"[2]

首先，加快实现高水平科技自立自强。习近平总书记指出："加快实现高水平科技自立自强，是推动高质量发展的必由之路。"[3]当前，世界百年未有之大变局加速演进，新一轮科技革命和产业变革深入发展，国际力量对比深刻调整。在激烈的国际竞争中开辟发展新领域新

---

① 《牢牢把握高质量发展这个首要任务》，《人民日报》2023年3月6日。

② 习近平：《在第十四届全国人民代表大会第一次会议上的讲话》，《人民日报》2023年3月14日。

③ 《牢牢把握高质量发展这个首要任务》，《人民日报》2023年3月6日。

赛道、塑造发展新动能新优势，从根本上还是要依靠科技创新。必须坚持"四个面向"，加快实现高水平科技自立自强。加快实施创新驱动发展战略，强化重大科技创新平台建设，集聚力量进行原创性引领性科技攻关，打赢关键核心技术攻坚战。围绕产业链部署创新链，围绕创新链布局产业链，前瞻布局战略性新兴产业，培育发展未来产业，发展数字经济。强化企业主体地位，发挥科技型骨干企业引领支撑作用，推进创新链产业链资金链人才链深度融合。加强企业主导的产学研深度融合，强化目标导向，提高科技成果转化和产业化水平。深化科技体制改革，繁荣创新文化，弘扬科学家精神，在全社会形成鼓励、支持、参与创新的良好环境。

其次，加快构建新发展格局。习近平总书记指出："加快构建新发展格局，是推动高质量发展的战略基点。"① 这是事关全局的系统性、深层次变革，是立足当前、着眼长远的战略谋划。要把实施扩大内需战略同深化供给侧结构性改革有机结合起来，增强国内大循环内生动力和可靠性，提升国际循环质量和水平，加快建设现代化产业体系。坚持把发展经济的着力点放在实体经济上，推进新型工业化，加快建设制造强国、质量强国、航天强国、交通强国、网络强国、数字中国。按照构建高水平社会主义市场经济体制、推进高水平对外开放的要求，依托国内大循环吸引全球高质量的商品和资源要素，促进国内国际双循环更为畅通。推动共建"一带一路"高质量发展，稳步扩大规则、规制、管理、标准等制度型开放，维护多元稳定的国际经济格局

① 《牢牢把握高质量发展这个首要任务》，《人民日报》2023 年 3 月 6 日。

和经贸关系。

再次，加快推进农业现代化。习近平总书记指出："农业强国是社会主义现代化强国的根基，推进农业现代化是实现高质量发展的必然要求。"[①] 建设社会主义现代化国家，最艰巨最繁重的任务仍然在农村。要全面推进乡村振兴，巩固拓展脱贫攻坚成果同乡村振兴有效衔接，全方位夯实粮食安全根基，确保中国人的饭碗牢牢端在自己手中。把产业振兴作为乡村振兴的重中之重，深入推进农村一二三产业深度融合，推动创业就业拓展空间，不断拓宽农民增收致富渠道。深化农村土地制度改革，巩固和完善农村基本经营制度，发展新型农村集体经济，发展新型农业经营主体和社会化服务，发展农村适度规模经营，为农业农村发展增动力、添活力。统筹乡村基础设施和公共服务体系建设，加快建设宜居宜业和美乡村。

最后，聚焦人民幸福安康这个最终目的。习近平总书记指出："人民幸福安康是推动高质量发展的最终目的。"[②] 基层治理事关人民群众切身利益。要健全基层党组织领导的基层群众自治机制，加强基层组织建设；完善正确处理新形势下人民内部矛盾机制，完善网格化管理、精细化服务、信息化支撑的基层治理平台，健全城乡社区治理体系，为人民群众提供家门口的优质服务和精细管理。基本民生保障事关困难群众衣食冷暖，是促进共同富裕、打造高品质生活的基础性工程。要紧紧抓住人民群众急难愁盼问题，健全基本公共服务体系，不断推

---

① 《牢牢把握高质量发展这个首要任务》，《人民日报》2023年3月6日。
② 《牢牢把握高质量发展这个首要任务》，《人民日报》2023年3月6日。

动幼有所育、学有所教、劳有所得、病有所医、老有所养、住有所居、弱有所扶取得新进展；协同推进人民富裕、国家强盛、中国美丽，让良好生态环境成为人民生活的增长点；抓实抓细新阶段疫情防控各项工作，建强卫生健康服务体系。

要扩大内需。党的二十大报告指出，要增强消费对经济发展的基础性作用，2022 年中央经济工作会议提出着力扩大国内需求，要把恢复和扩大消费摆在优先位置。2023 年政府工作报告进一步强调要"着力扩大国内需求"。目前，我国扩大国内需求还面临一些问题和制约。但与此同时，我们也要看到，我国经济社会的发展为我国消费扩容提供了坚实的基础，我国人均 GDP 水平和人均收入的不断上升、我国新消费增长迅速、支撑我国新消费的基础设施不断完善以及我国消费正处于升级中，这都是我国未来消费扩容的重要驱动力。

以深化供给侧结构性改革为主线，是实现高质量发展的必然要求。当前和今后一个时期，我国经济发展面临的问题，在供给和需求这两侧都有，但矛盾的主要方面在供给侧。我国一些行业和产业，一方面产能严重过剩，另一方面又有大量关键装备、核心技术、高端产品还依赖进口。解决这些结构性问题，需要从供给侧发力，把改善供给侧结构作为主攻方向。供给侧结构性改革说到底，就是要使我国供给能力更好满足人民日益增长的美好生活需要。供给侧结构性改革的重点，就是进一步解放和发展社会生产力，用改革的办法推进结构调整，减少无效和低端供给，扩大有效和中高端供给，增强供给结构对需求变化的适应性和灵活性，着力提高全要素生产率。通过深化供给侧结构性改革，优化存量资源配置，扩大优质增量供给，不断让新的需求催生新的供给，让新的供给创造新的需求，从而实现更高水平和更高质量的供需动态平衡。

调查研究中，要关注建设现代化产业体系的主要问题。现代化产业体系是现代化经济体系的重要内容。我国现代化产业体系是注重发挥实体经济重要作用、实现科技创新、现代金融和人力资本协同作用的产业体系，是充分利用新一轮科技革命与产业变革物质技术成果的产业体系，也是实现产业融合、绿色低碳、开放共享的产业体系。新征程加快建设现代化产业体系，是完整、准确、全面贯彻新发展理念、加快构建新发展格局、实现高质量发展的必然要求，对于全面建设社会主义现代化国家、顺利实现第二个百年奋斗目标具有重要意义。

坚持"两个毫不动摇"，即"毫不动摇巩固和发展公有制经济，毫不动摇鼓励、支持、引导非公有制经济发展"，是党的十一届三中全会后确立的大政方针，并在法律制度、政策和实际工作中得以贯彻落实。党的十九大把"两个毫不动摇"写入新时代坚持和发展中国特色社会主义的基本方略，党的二十大把"两个毫不动摇"列为构建高水平社会主义市场经济体制的重要内容。

尽管大政方针清晰，并且在实践中贯彻执行，但每隔一段时间，社会上就会出现对民营经济和国有经济地位的不正确议论，其中，有的质疑发展民营经济的基本政策，如"民营经济离场论""国进民退论"等，对社会信心和发展大计带来严重不良影响。

出现上述偏颇甚至错误的观点，与国际经济环境发生较大变化、我国经济发展进入调整换挡关键期，不少企业经营遇到较大困难有关，也与支持民营经济的政策措施落实不完全到位有关，还与体制机制改革、监管执法带来的一些短期波动有关。由于民营企业大多处于竞争性行业，大量中小民营企业处于产业链的中端和后端，消化各种波动因素的能力相对较弱。一遇风吹草动，往往"最有感"。还有一些特定行业，在过去很多年里形成了扭曲的发展模式，到了不调整不行的地步，其调整必然引发一定的市场震荡。比如，房地产行业长期积累的风险在这两年相继释放出来，一些企业难以维系，这被认为是政策打压的结果。而从长期和全局看，促进房地产行业摆脱"高负债、高杠杆、高周转"模式，有利于国民经济大局，也有利于行业自身发展。试想，如果整个经济大船严重失衡，出现金融挤兑风波，发生债务违约风潮，相关行业又何来稳定的发展环境？

可见，所谓"民营经济离场论""国进民退论"等观点，在很大程度上混淆了市场环境因素、企业经营因素和政策因素的影响，把一些企业经受不住市场考验一股脑归到了政策上。当然，我们不否认存在政策落实不到位的地方，而且要加大工作力度，但我们也要区别不同因素、不同情况、不同问题，准确看待政策问题。

近年来，党中央、国务院出台了一系列鼓励、支持、引导民营经济发展的重大措施：2019 年 10 月，国务院发布《优化营商环境条例》；2019 年 12 月，《中共中央　国务院关于营造更好发展环境支持民营企业改革发展的意见》发布；2020 年 3 月，《中共中央　国务院关于构建更加完善的要素市场化配置体制机制的意见》发布；2020 年 5 月，《中共中央　国务院关于新时代加快完善社会主义市场经济体制的意见》发布；2021 年 1 月，中共中央办公厅、国务院办公厅印发《建设高标准市场体系行动方案》；2022 年 3 月，《中共中央　国务院关于加快建设全国统一大市场的意见》发布。这些文件从保障民营企业依法平等使用资金、技术、人力资源、土地使用权及其他自然资源等各类生产要素和公共服务资源，依法平等适用国家支持发展的政策，依法享有保护产权和知识产权的权利，构建亲清新型政商关系等方面细化了政策措施。党中央还要求各地各部门加强政策协调性，细化、量化政策措施，制定相关配套举措，推动政策落地、落细、落实。2021 年，民营经济税收贡献达到 59.6%，民营企业占市场主体的 96%，比重进一步提高。这本身就是民营经济获得稳定发展的证明，也是相关政策措施落地见效的证明。从我国经济高质量发展的现实出发，还需进一步优化营商环境，促进国有企业、民营企业、外资企业公平竞争和发展。

纵观全球，发达国家和新兴经济体都把吸引和利用外资作为重大国策，招商引资国际竞争十分激烈。我们要深刻认识更大力度吸引和利用外资的战略意义，围绕扩增量、稳存量、提质量切实发力。更大力度吸引和利用外资，既是稳增长、稳就业的重要支撑，又是增加市场有效供给、更好满足高品质消费需求的关键举措；既是推动我国企业深度参与国际分工体系、融入全球供应链网络的有效通道，又是提升企业技术创新能力和国际竞争力的重要一环；既是构建新发展格局、建设更高水平开放型经济新体制的内在要求，又是形成包容普惠、共享共赢的国际投资新局面的重要途径。必须依托我国超大规模市场优势，以国内大循环吸引全球资源要素，既要把优质存量外资留下来，还要把更多高质量外资吸引过来，以更广视野、更大格局做好吸引和利用外资工作，在扩准入、强政策、优环境等方面做深做细做实。

自党的十九大首次提出实施乡村振兴战略以来，我国坚持农业农村优先发展，举全党全社会之力全面推进乡村振兴取得实质进展。党的二十大擘画了以中国式现代化推进中华民族伟大复兴的宏伟蓝图，提出到 2035 年基本实现社会主义现代化，到本世纪中叶把中国建成富强民主文明和谐美丽的社会主义现代化强国。党的二十大指出，全面建设社会主义现代化国家，最艰巨最繁重的任务仍然在农村，为此提出要聚焦粮食安全、农民增收、城乡公共资源配置等重点问题，抓好土地和科技两个确保粮食安全的关键支撑，深化农村土地制度改革，提高土地利用效率，坚持城乡融合发展促进城乡资源合理配置，推进乡村的全面振兴。

2023 年中央一号文件以全面贯彻落实党的二十大精神为前提，继续对全面推进乡村振兴重点工作进行部署。但从乡村振兴的内在要求看，国内外条件约束和粮食安全、盘活农村土地和农民增收、农村人口外流与城乡公共资源优化配置等方面依然存在不同程度的挑战。全面推进乡村振兴，要深入贯彻落实习近平总书记关于"三农"工作的重要论述，坚持和加强党对"三农"工作的全面领导，通过体制机制创新解决农业农村现代化过程中遇到的各种问题和挑战，各级领导干部要在调查研究中，密切关注问题，切实做好乡村振兴工作。

三、统筹发展和安全，确保粮食、能源、产业链供应链、生产、食品药品、公共卫生等安全，防范化解重大经济金融风险中的主要情况和重点问题

安全是发展的基础，稳定是强盛的前提。要贯彻总体国家安全观，健全国家安全体系，增强维护国家安全能力，提高公共安全治理水平，完善社会治理体系，以新安全格局保障新发展格局。

保障国家粮食安全是实现经济发展、社会稳定、国家安全的重要基础。习近平总书记多次强调，"粮食多一点少一点是战术问题，粮食安全是战略问题""不能把粮食当成一般商品，光算经济账、不算政治账，光算眼前账、不算长远账"。①我国是一个人口众多的大国，解决好吃饭问题，始终是治国理政的头等大事。

在一系列强农惠农富农政策推动下，我国粮食等农产品产量稳步增长，实现谷物基本自给、口粮绝对安全是有保障的，但个别品种依赖进口的局面短期难以扭转，粮食安全基础仍存在一些短板弱项。从中长期看，一方面，我国耕地资源有限，人均耕地占有量仅为世界平均水平的 2/5，粮食生产受水土资源的约束越来越紧，在较高基数上实现持续增产的难度越来越大；另一方面，随着经济发展和民生改善，粮食等农产品需求刚性增长，粮食供求总体上仍将是紧平衡状态。现

---

① 习近平：《坚持把解决好"三农"问题作为全党工作重中之重　举全党全社会之力推动乡村振兴》，《求是》2022 年第 7 期。

阶段，我国外部环境复杂严峻，必须做好应对各种挑战和复杂局面的充分准备；我国已开启向第二个百年奋斗目标迈进的新征程，现代化建设正处在关键时期，比任何时候都要注意处理好发展和安全的关系；经过多年丰收之后，我国粮食供求出现一些阶段性变化，需要我们高度关注。

能源资源安全是关系国家经济社会发展的全局性、战略性问题。能源安全对国家繁荣发展、人民生活改善、社会长治久安至关重要。当今全球能源治理体系深度调整，能源领域战略博弈持续深化，国际能源供给不稳定性因素明显增加。作为世界上最大的能源消费国，我国能源需求对外依存度偏高，比如石油对外依存度超过70%，维护能源安全任务繁重而艰巨。近年来，全球能源体系发生深刻变革，绿色低碳转型深入推进，乌克兰危机加速全球能源格局调整，能源地缘博弈等风险不断加剧。我国经济社会发展的能源需求仍将刚性增长，积极稳妥推进碳达峰碳中和对能源清洁低碳转型提出了更高要求，对战略性矿产资源的需求仍将保持在较高水平，能源资源安全稳定供应仍面临诸多风险挑战。实践充分证明，只有更好统筹能源资源发展和安全、开发和保护、当前和长远、发展和减排，系统提升能源资源安全和保障水平，才能更好保障经济社会发展所需的能源资源持续、可靠和有效供给。

产业链供应链安全稳定是大国经济必须具备的重要特征。党的二十大报告指出，"我们要坚持以推动高质量发展为主题，把实施扩大内需战略同深化供给侧结构性改革有机结合起来，增强国内大循环内生动力和可靠性，提升国际循环质量和水平，加快建设现代化经济体系，着力提高全要素生产率，着力提升产业链供应链韧性和安全水平"。近年来，习近平总书记在多个场合提及产业链供应链问题，强调："产业链、供应链在关键时刻不能掉链子，这是大国经济必须具备的重要特征。"①

产业链供应链安全稳定是构建新发展格局的基础。一般而言，大国经济的特征是内需为主导、内部可循环，内外需市场相互依存、相互促进。内外需市场的良性循环取决于一国产业链供应链的稳定安全程度。作为一个大国，我们必须在关系国计民生和国家经济命脉的重点产业领域形成完整而有韧性的产业链供应链。2021年我国制造业增加值总量达31.4万亿元，连续12年位居全球第一，世界第一制造大国地位不断巩固，完备的产业体系、强大的动员组织和产业转换能力，为经济社会发展提供了重要物质保障。在当前国际形势充满不稳定性不确定性的背景下，我国加快构建以国内大循环为主体、国内国际双循环相互促进的新发展格局，对产业链供应链各环节维持稳定、防止断裂和缺失提出了更高要求。

党的二十大报告在部署"提高公共安全治理水平"时提出，坚持安全第一、预防为主，建立大安全大应急框架，完善公共安全体系，推动公共安全治理模式向事前预防转型。公共安全无小事。它连着千家万户，确保公共安全事关人民群众生命财产安全，事关改革发展稳定大局。它囊括生产安全、食品安全、公共卫生安全、交通安全、建

---

① 习近平：《国家中长期经济社会发展战略若干重大问题》，《求是》2020年第21期。

筑安全、公共活动场所安全、信息安全等一系列安全领域，保障公共安全考验着一个国家的治理能力。近年来，党和国家把保障公共安全摆在突出位置，作出一系列重大部署，公共安全防线越筑越牢。

金融安全是国家安全的重要组成部分，是经济平稳健康发展的重要基础。维护金融安全，是关系我国经济社会发展全局的一件带有战略性、根本性的大事。金融活，经济活；金融稳，经济稳。必须充分认识金融在经济发展和社会生活中的重要地位和作用，切实把维护金融安全作为治国理政的一件大事，扎扎实实把金融工作做好。总体来看，当前我国金融风险趋于收敛、整体可控，防范化解重大金融风险的能力显著增强。但是，我们也要清醒认识到，在世界百年未有之大变局加速演进，我国发展进入战略机遇和风险挑战并存、不确定难预料因素增多的时期，经济金融环境发生深刻变化，金融体系内部风险隐患可能逐步显现，金融发展存在的结构性问题亟待解决，外部冲击风险明显增多，要求我们必须持之以恒做好重大金融风险防范化解工作。

各级党员领导干部要在调查研究中，统筹好发展和安全，牢牢把握各项工作重点，以调查研究有效促进防范化解各类风险挑战，实现高质量发展和高水平安全的良性互动。

四、全面深化改革开放中的重大问题，重要领域和关键环节改革、推进高水平对外开放中的主要情况和重点问题

实践发展永无止境，改革开放也永无止境。习近平总书记指出：

"改革开放是决定当代中国命运的关键一招，也是决定实现'两个一百年'奋斗目标、实现中华民族伟大复兴的关键一招。"①实现第二个百年奋斗目标、实现中华民族伟大复兴的中国梦，必须坚定不移深化改革、扩大开放。

改革开放是党和人民大踏步赶上时代的重要法宝。改革是解放和发展我国生产力的关键，是推动国家发展的根本动力。经过40多年持续推进改革开放，我国创造了世所罕见的经济快速发展和社会长期稳定两大奇迹，经济社会发展实现了历史性跨越，困扰中华民族几千年的绝对贫困问题得到历史性解决，决胜全面建成小康社会取得决定性成就。改革开放极大改变了中国的面貌、中华民族的面貌、中国人民的面貌、中国共产党的面貌。中华民族迎来了从站起来、富起来到强起来的伟大飞跃，中国特色社会主义迎来了从创立、发展到完善的伟大飞跃，中国人民迎来了从温饱不足到小康富裕的伟大飞跃，中华民族以崭新姿态屹立于世界的东方。

改革开放是应对发展环境深刻复杂变化的必由之路。世界百年未有之大变局加速演进，新一轮科技革命和产业变革深入发展，国际力量对比深刻调整，我国发展面临新的战略机遇。同时，世纪疫情影响深远，逆全球化思潮抬头，单边主义、保护主义明显上升，世界经济复苏乏力，局部冲突和动荡频发，全球性问题加剧，世界进入新的动荡变革期。我国改革发展稳定面临不少深层次矛盾躲不开、绕不过，

---

① 中共中央文献研究室编：《习近平关于全面深化改革论述摘编》，中央文献出版社 2014 年版，第 30 页。

党的建设特别是党风廉政建设和反腐败斗争面临不少顽固性、多发性问题，来自外部的打压遏制随时可能升级。我国发展进入战略机遇和风险挑战并存、不确定难预料因素增多的时期，各种"黑天鹅""灰犀牛"事件随时可能发生。我们要经受风高浪急甚至惊涛骇浪的重大考验，必须统筹中华民族伟大复兴战略全局和世界百年未有之大变局，深刻认识错综复杂的国际环境带来的新矛盾新挑战，深刻认识我国社会主要矛盾变化带来的新特征新要求，从全局高度深化改革开放，着力破解深层次体制机制障碍，把经济社会中蕴藏的巨大潜力和活力释放出来，不断增强现代化建设的内生动力，化解外在压力。

改革开放是把握"三新一高"要求的必然选择。党的十八大以来，以习近平同志为核心的党中央推动改革全面发力、多点突破、蹄疾步稳、纵深推进，全力构建开放型经济新体制，各领域基础性制度框架基本确立，许多领域实现历史性变革、系统性重塑、整体性重构，带动经济发展活力大幅提升、动力持续释放。迈上全面建设社会主义现代化国家新征程，立足新发展阶段、贯彻新发展理念、构建新发展格局、推动高质量发展，对改革开放提出了新要求。要善于运用改革思维和改革办法，加快推进有利于激发微观主体活力的改革，有利于要素顺畅流动的改革，有利于促进资源配置效益最大化和效率最优化的改革，着力解决各类"卡脖子"和瓶颈问题，打通堵点，贯通生产、分配、流通、消费各环节，实现更高水平的供需动态平衡。特别是要把实施扩大内需战略同供给侧结构性改革有机结合起来，以更大的决心和勇气深化改革，实施更大范围、更宽领域、更深层次的对外开放，破解阻碍全面准确完整理解新发展理念、构建新发展格局的制度、观念和利益羁绊，为我国经济高质量发展注入新动力、增添新活力、拓展新空间，实现社会生产力大发展。

全面建设社会主义现代化国家，要深入学习贯彻习近平经济思想，完整、准确、全面贯彻新发展理念，坚持社会主义市场经济改革方向，坚持高水平对外开放，为加快构建新发展格局、着力推动高质量发展提供强有力的制度保障，为新时代坚持和发展中国特色社会主义提供强大动力。

构建高水平社会主义市场经济体制。习近平总书记指出："在社会主义条件下发展市场经济，是我们党的一个伟大创举。"迈上全面建设社会主义现代化国家新征程，要加快构建更加系统完备、更加成熟定型的高水平社会主义市场经济体制。坚持和完善社会主义基本经济制度，毫不动摇巩固和发展公有制经济，毫不动摇鼓励、支持、引导非公有制经济发展，既要坚定不移地深化国资国企改革，加快国有经济布局优化和结构调整，推动国有资本和国有企业做强做优做大，提升企业核心竞争力，也要优化民营企业发展环境，依法保护民营企业产权和企业家权益，促进民营经济发展壮大。要充分发挥市场在资源配置中的决定性作用，以完善产权制度和优化各类要素市场化配置为重点，加快建设统一开放、竞争有序的市场体系，完善产权保护、市场准入、公平竞争、社会信用等市场经济基础制度，营造各种所有制企业依法平等使用资源要素、公开公平公正参与竞争，同等受到法律保护的营商环境。要更好发挥政府作用，健全以国家发展规划为战略导向，以财政政策和货币政策为主要手段，就业、产业、投资、消费、环保、区域等政策紧密配合，目标优化、分工合理、高效协同的宏观经济治理体系，深化财税金融体制改革，筑牢国家治理体系和治理能力现代化的基础，实现更高质量、更有效率、更加公平、更可持续、更为安全的发展。

推进高水平对外开放。习近平总书记指出，"对外开放是我国的基本国策，任何时候都不能动摇"①，中国将在更大范围、更宽领域、更深层次上提高开放型经济水平。全面建设社会主义现代化国家，要依托我国超大规模市场优势，增强国内国际两个市场两种资源联动效应，以国内大循环吸引全球资源要素，促进国内国际双循环，推动形成更高水平开放型经济新体制，以高水平对外开放打造国际经济合作和竞争新优势。推动共建"一带一路"高质量发展，巩固东部沿海地区开放先导地位，提高中西部和东北地区开放水平，引导沿海内陆沿边开放优势互补、协同发展，加快形成陆海内外联动、东西双向互济的开放格局。积极拓展多双边经贸合作，推动货物贸易优化升级，创新服务贸易发展机制，发展数字贸易，合理缩减外资准入负面清单，依法保护外商投资权益。主动对接国际高标准市场规则体系，健全高水平开放法治保障，稳步扩大规则、规制、管理、标准等制度型开放。深化自由贸易试验区改革，加快建设海南自由贸易港，支持建设内陆开放型经济试验区，打造一批开放层次更高、营商环境更优、辐射作用更强的开放新高地。积极参与全球经济治理体系改革和建设，深度参与全球产业分工和合作，维护多元稳定的国际经济格局和经贸关

---

① 习近平：《在浦东开发开放 30 周年庆祝大会上的讲话》，人民出版社 2020 年版，第 8 页。

系，为构建人类命运共同体贡献中国智慧、中国方案。

习近平总书记多次进行调查研究，强调全面深化改革开放，推进高水平对外开放的重要意义。2023 年 4 月，习近平总书记在广东考察时强调："坚定不移全面深化改革扩大高水平对外开放，在推进中国式现代化建设中走在前列。""广东是改革开放的排头兵、先行地、实验区，在中国式现代化建设的大局中地位重要、作用突出。要锚定强国建设、民族复兴目标，围绕高质量发展这个首要任务和构建新发展格局这个战略任务，在全面深化改革、扩大高水平对外开放、提升科技自立自强能力、建设现代化产业体系、促进城乡区域协调发展等方面继续走在全国前列，在推进中国式现代化建设中走在前列。"

习近平总书记以身作则，为各级党员领导干部坚定不移全面深化改革开放作出了表率，各级党员干部要以深化改革开放为目标，在调查研究中，着力研究和探索改革开放中的优势和不足，助推全面深化改革开放。

五、全面依法治国中的重大问题，完善中国特色社会主义法律体系、推进依法行政、严格公正司法、建设法治社会等主要情况和重点问题

全面依法治国是国家治理的一场深刻革命，关系党执政兴国，关系人民幸福安康，关系党和国家长治久安。必须更好发挥法治固根本、稳预期、利长远的保障作用，在法治轨道上全面建设社会主义现代化国家。我们要坚持走中国特色社会主义法治道路，建设中国特色

社会主义法治体系、建设社会主义法治国家，围绕保障和促进社会公平正义，坚持依法治国、依法执政、依法行政共同推进，坚持法治国家、法治政府、法治社会一体建设，全面推进科学立法、严格执法、公正司法、全民守法，全面推进国家各方面工作法治化。

从我们党的执政规律看，法治是国家长治久安的重要保障。习近平总书记在党的二十大报告中指出，"全面依法治国是国家治理的一场深刻革命，关系党执政兴国，关系人民幸福安康，关系党和国家长治久安"，这是对共产党执政规律的深刻把握。法治兴则国兴，法治强则国强。从我们党执政历史看，从"依法治国"到"全面依法治国"，从"有法可依、有法必依、执法必严、违法必究"到"科学立法、严格执法、公正司法、全民守法"，从"法治是治国理政的基本方式"到"全面依法治国是国家治理的一场深刻革命"，我们越来越深刻认识到，治国理政，一刻也离不开法治；国家富强，必须依靠法治。

从现代化的发展规律看，法治是国家走向现代化的重要保障。习近平总书记在党的二十大报告中指出，"在法治轨道上全面建设社会主义现代化国家"，"全面推进国家各方面工作法治化"，这是对现代化规律的深刻把握。一个现代化强国，必定是一个良法善治、法治昌明的国家。中国特色社会主义发展到今天，我们要统筹好市场经济和法治建设，发挥市场在资源配置中的决定性作用，更好发挥政府作用，同时发挥法治调节各类市场主体活动的有效作用。构建高水平社会主义市场经济体制，必须在法治轨道上推进。

从民族复兴的历史规律看，法治是战胜前进道路上各类风险挑战的重要保障。习近平总书记在党的二十大报告中指出，"必须更好发挥法治固根本、稳预期、利长远的保障作用"，这是对法治保障作用的深刻把握。当前，中华民族伟大复兴进入关键时期，我国发展进入战略机遇和风险挑战并存、不确定难预料因素增多的时期。前进道路上，形势越是复杂，挑战越是艰巨，任务越是繁重，越要运用法治思维和法治方式深化改革、推动发展、化解矛盾、维护稳定、应对风险，以法治的确定性应对前进道路上的各种不确定性。

当前和今后一个时期，推进全面依法治国，围绕建设中国特色社会主义法治体系、建设社会主义法治国家的总目标，坚持党的领导、人民当家作主、依法治国有机统一，以解决法治领域突出问题为着力点，坚定不移走中国特色社会主义法治道路，在法治轨道上推进国家治理体系和治理能力现代化，为全面建设社会主义现代化国家、实现中华民族伟大复兴的中国梦提供有力法治保障。

我们党历来高度重视法治工作，党的二十大报告将"坚持全面依法治国，推进法治中国建设"单独作为一部分，围绕着全面依法治国提出了四个方面的任务和要求。其中第一项就是"完善以宪法为核心的中国特色社会主义法律体系"。

良法是善治之前提。建设中国特色社会主义法治体系，首要的就是完善以宪法为核心的中国特色社会主义法律体系。党的十八大以来，我国立法工作取得积极进展和显著成效：通过宪法修正案，推进制定监察法等反腐败国家立法；编纂完成民法典，创制性运用宪法制度和宪法规定应对治国理政中遇到的重大风险挑战；国家安全、卫生健康、公共文化等重要领域的基础性、综合性、统领性法律相继出台；

涉外领域立法持续加强……法律体系更加科学完备、统一权威。

进入新时代，新形势新使命对我们党依据宪法法律治国理政提出了新的更高要求。党的二十大报告强调，要完善以宪法为核心的中国特色社会主义法律体系，加强重点领域、新兴领域、涉外领域立法，统筹推进国内法治和涉外法治，推进科学立法、民主立法、依法立法，统筹立改废释纂，进一步宣示了我们党矢志不渝建设社会主义法治国家的坚定决心，为新时代新征程谱写立法工作新篇章提供了行动指南、明确了前进方向。

以宪法精神凝心聚力。宪法是国家根本大法，是党和人民意志的集中体现，是中国特色社会主义法律体系的核心和统帅。事实充分证明，现行宪法是一部符合国情、符合实际、符合时代发展要求的好宪法。全面建设社会主义现代化国家、全面推进中华民族伟大复兴，必须更加注重发挥宪法在治国理政中的重要作用，坚持以宪法为最高法律规范，坚持依宪治国、依宪执政。这就要求，今后的立法工作要在加强宪法实施和监督上下功夫，通过完备的法律保证和推动宪法全面实施、有效实施，落实宪法解释程序机制，积极稳妥推进合宪性审查工作，运用宪法精神凝聚立法共识，同时让宪法融入百姓日常生活、走入人民群众，使宪法精神深入人心、落地生根。

习近平总书记在党的二十大报告中强调"扎实推进依法行政"，对转变政府职能、深化行政执法体制改革、强化行政执法监督机制和能力建设等作出重点部署、提出明确要求，为新时代法治政府建设提供了根本遵循。

确保依法行政。中华人民共和国的一切权力属于人民。行政权与人民群众的生产生活紧密相关，对经济社会发展影响重大。在我国，行政权的行使必须保障人民权利，努力实现人民对美好生活的向往。行政机关是法律实施的重要主体，法治政府建设必然要求推进依法行政，用法治给行政权力定规矩、划界限。坚持以人民为中心推进法治政府建设，首先要确保依法行政，保证行政权的行使严格依照宪法法律进行，符合人民意志、维护人民权益，把人民赋予的权力用来为人民谋幸福。

严格公正司法。公正司法是维护社会公平正义的最后一道防线。深化司法体制综合配套改革，全面准确落实司法责任制，加快建设公正高效权威的社会主义司法制度，努力让人民群众在每一个司法案件中感受到公平正义。规范司法权力运行，健全公安机关、检察机关、审判机关、司法行政机关各司其职、相互配合、相互制约的体制机制。强化对司法活动的制约监督，促进司法公正。加强检察机关法律监督工作。完善公益诉讼制度。

习近平总书记在党的二十大报告中指出："法治社会是构筑法治国家的基础。"这一重要论述深刻阐释了坚持法治国家、法治政府、法治社会一体建设的内在逻辑，强调了法治社会建设在建设社会主义法治国家中的重要地位。法治社会是和人治社会相对而言的；它是指国家权力和社会关系按照明确的法律秩序运行，并且按照严格公正的司法程序协调人与人之间的关系解决社会纠纷。

建设法治社会是维护人民群众合法权益的重要举措。法治社会是指公民、法人和其他社会组织依照法律行使权利、履行义务，依法承担社会责任，依法办事、依法解决纠纷，社会治理依法进行。因此，建设法治社会，有利于保障人民群众的合法权益，有利于建设和谐社会。

建设法治社会是建设法治国家和法治政府的重要支撑。法治国家、法治社会、法治政府是一个有机统一的整体，三者互为依存、相辅相成。法治国家和法治政府需要以法治社会为依托和支撑，法治社会是建设法治国家和法治政府的重要基础和条件。

增强全民法治观念，推进法治社会建设，增强全社会厉行法治的积极性和主动性，形成守法光荣、违法可耻的社会氛围，使全体人民都成为社会主义法治的忠实崇尚者、自觉遵守者、坚定捍卫者。法治社会建设是我国法治建设的基础，对于全面依法治国、建设社会主义法治国家具有重要意义。

要坚持问题导向的法治实践探索。党的二十大报告明确指出，问题是时代的声音，回答并指导解决问题是理论的根本任务。这就要求我们必须坚持问题导向，寻找法治建设实践中的矛盾，深入基层、深入群众，聚焦实践中的新问题，大兴调查研究，更加重视法治、厉行法治，从法治上为应对各种风险挑战、解决各种深层次矛盾问题提供制度化方案，更好发挥法治固根本、稳预期、利长远的保障作用，以良法善治引领和推动党和国家事业发展。要围绕法治建设重大规划、重点改革、重要举措等，开展前瞻性、针对性、储备性法律政策研究，充分运用法治力量服务中国式现代化。因此，各级领导干部要加强调查研究，坚持问题导向，对全面依法治国中的重大问题进行深入探索和思考。

六、意识形态领域面临的挑战，推进文化自信自强、建设社会主义文化强国和新闻舆论引导、网络综合治理中的主要情况和重点问题

一个没有精神力量的国家难以自立自强，一项没有先进文化支撑的事业难以持续长久。党的二十大在文化建设方面作出"推进文化自信自强，铸就社会主义文化新辉煌"的战略部署，深刻阐明了推进文化自信自强与全面建设社会主义现代化国家的内在关系，彰显了新时代中国共产党人高度的文化自觉和强烈的文化担当，为新时代中国特色社会主义文化建设提供了根本遵循。

马克思主义认为，意识形态是指观念、观点、概念、思想、价值观等要素的总和，其核心问题是价值观念，是人们对客观事物现象进行是非判断所作的评价。习近平总书记强调意识形态工作是为国家立心、为民族立魂的工作；强调必须把意识形态工作的领导权、管理权、话语权牢牢掌握在手中，任何时候都不能旁落。这是运用马克思主义唯物史观，科学总结历史经验和历史规律得出的重要结论，为我们做好新时代意识形态工作提供了根本遵循。

习近平总书记指出，全面建设社会主义现代化国家，必须坚持中国特色社会主义文化发展道路，增强文化自信，围绕举旗帜、聚民心、育新人、兴文化、展形象建设社会主义文化强国，发展面向现代化、面向世界、面向未来的，民族的科学的大众的社会主义文化，激发全民族文化创新创造活力，增强实现中华民族伟大复兴的精神力量。

在调查研究中，要重视意识形态领域中出现的问题，分析产生的原因和解决措施，考察如何更好、更坚定地增强文化自信，确保国家的政治安全和意识形态安全。

七、推进共同富裕、增进民生福祉中的重大问题，巩固拓展脱贫攻坚成果、缩小城乡区域发展差距和收入分配差距的主要情况和重点问题

"治国有常，利民为本。为民造福是立党为公、执政为民的本质要求。必须坚持在发展中保障和改善民生，鼓励共同奋斗创造美好生活，不断实现人民对美好生活的向往。"新时代推进共同富裕、增进民生福祉，要坚持把实现人民对美好生活的向往作为现代化建设的出发点和落脚点，坚持尽力而为、量力而行，坚持勤劳创新致富，坚持在发展中保障和改善民生，着力解决好人民群众急难愁盼问题，维护和促进社会公平正义，着力促进全体人民共同富裕。

习近平总书记在党的二十大报告中指出："巩固拓展脱贫攻坚成果，增强脱贫地区和脱贫群众内生发展动力。"2022 年 12 月，在中央农村工作会议上，习近平总书记再次强调："巩固拓展脱贫攻坚成果是全面推进乡村振兴的底线任务，要继续压紧压实责任，把脱贫人口和脱贫地区的帮扶政策衔接好、措施落到位，坚决防止出现整村整乡返贫现象。"在调查研究中，要注重压紧压实各级巩固拓展脱贫攻坚成果责任；要稳定完善帮扶政策，落实巩固拓展脱贫攻坚成果同乡村振兴有效衔接政策，推动各级各部门细化政策举措，加强政策协同，

形成工作合力；要加大对重点区域的倾斜支持力度，在国家乡村振兴重点帮扶县实施一批补短板促振兴重点项目，深入实施医疗、教育干部人才"组团式"帮扶；深入开展巩固易地扶贫搬迁脱贫成果专项行动和搬迁群众就业帮扶专项行动；要加大财政金融支持力度，强化金融帮扶，保持脱贫地区信贷投放力度不减，扎实做好脱贫人口小额信贷工作，按照市场化原则加大对帮扶项目的金融支持；要凝聚帮扶合力，深化东西部协作和中央单位定点帮扶，引导社会力量广泛参与帮扶，为脱贫地区引进理念、人才、资金、技术等要素，助力脱贫地区培育新的经济增长点，深化驻村帮扶，切实发挥好驻村第一书记和工作队在建强村党组织、推进强村富民、提升治理水平、为民办事服务等方面的作用；要加强考核监督，统筹开展乡村振兴战略实绩考核、巩固拓展脱贫攻坚成果同乡村振兴有效衔接考核评估，优化考核评估方式，用好考核评估结果，发挥好"指挥棒"作用，压紧压实责任，把脱贫人口和脱贫地区的帮扶政策衔接好、措施落到位。

当前和今后一个时期，我国发展不平衡不充分问题仍然突出，城乡区域发展和收入分配差距较大，仍然是实现共同富裕的严重阻碍，要自觉主动解决地区差距、城乡差距、收入差距等问题，着眼更好满足人民多方面日益增长的美好生活需求。如何改善城乡居民收入差距一直是被关注的热点问题。从目前来看，影响城乡居民收入差距的因素很多，如城市化水平、产业结构、普惠金融、公共服务供给等。调查研究要着眼于缩小城乡收入差距和收入分配差距，有效破除城乡融合发展的体制机制障碍、解决发展中面临的突出问题、优化城乡收入分配格局、进一步改善民生。

八、人民最关心最直接最现实的利益问题，特别是就业、教育、医疗、托育、养老、住房等群众急难愁盼的具体问题

就业、住房、教育、医疗，都是民生的重点，也是人民群众最关心的急难愁盼问题。日常生活中，离人民群众最近的基层治理和民生保障，是群众感受最深、关切最重之所在。民生改善既反映着经济社会发展的宏大叙事，也连接着人民对美好生活的切身感受。坚持在发展中保障和改善民生，归根结底就是让全体人民都过上更好的日子。

增进民生福祉是发展的根本目的，让人民生活幸福是"国之大者"。与民生相关的工作是离老百姓最近、同老百姓生活最密切的重要工作。让老百姓过上好日子是一切工作的出发点和落脚点。领导干部要紧紧抓住人民群众急难愁盼问题，通过调查研究，坚持问题导向，及时为群众解难点、疏堵点、除痛点。采取更多惠民生、暖民心举措，健全就业公共服务体系，完善重点群体就业支持体系，加强困难群体就业兜底帮扶，把促进青年人就业工作摆在更加突出的位置。健全社会保障体系，强化老幼病残的服务，持续增进民生福祉，让人民群众有真正的幸福感。"金杯银杯不如老百姓的口碑。"要以人民群众满意为目标，以实实在在的工作成效造福人民。

抓民生也是抓发展，是实现高质量发展的题中应有之义。发展是中国共产党执政兴国的第一要务。党的二十大报告指出，"高质量发展是全面建设社会主义现代化国家的首要任务"，并指出实现高质量发展是中国式现代化的本质要求之一。可见，发展是实现人民幸福的

关键，只有不断发展，才能实现人民的幸福安康。发展为了人民，发展才有意义；发展依靠人民，发展才有动力。要牢牢把握人民幸福安康这个推动高质量发展的最终目的，在推动高质量发展中着力做好保障和改善民生工作，让群众看到变化、得到实惠。

九、牢固树立和践行绿水青山就是金山银山理念方面的差距和不足，推进美丽中国建设、保护生态环境和维护生态安全中的主要情况和重点问题

绿水青山和金山银山，是对生态环境保护和经济发展的形象化表达，这两者绝不是对立的，而是辩证统一的。习近平总书记强调："我们既要绿水青山，也要金山银山。宁要绿水青山，不要金山银山，而且绿水青山就是金山银山。"①

"绿水青山就是金山银山"的理念深刻揭示了保护生态环境就是保护生产力、改善生态环境就是发展生产力。马克思主义认为，"人靠自然界生活"，自然不仅给人类提供了生活资料来源，而且给人类提供了生产资料来源。绿水青山就是金山银山，深化了马克思主义关于人与自然、生产和生态的辩证统一关系的认识。保护生态环境，加快发展方式绿色转型，可以激发更大的创新动能和更广阔的市场空间，提升可持续生产力，对于科技发展和绿色消费具有极大的推动

---

① 中共中央文献研究室编：《习近平关于全面建成小康社会论述摘编》，中央文献出版社 2016 年版，第 171 页。

作用。

"绿水青山就是金山银山"的理念深刻阐明了保护生态环境就是保护自然价值和增值自然资本。草木植成，国之富也。良好生态蕴含着无穷的经济价值，能够源源不断创造综合效益，实现经济社会可持续发展。习近平总书记指出，生态本身就是价值。这里面不仅有林木本身的价值，还有绿肺效应，更能带来旅游、林下经济等。绿水青山就是金山银山，这实际上是增值的。

因此，各级领导干部要注重对生态环境的调查研究，考察牢固树立和践行"绿水青山就是金山银山"理念方面的差距和不足，坚持山水林田湖草沙一体化保护和系统治理，更好统筹产业结构调整、污染治理、生态保护、应对气候变化，协同推进降碳、减污、扩绿、增长，努力建设人与自然和谐共生的美丽中国。

十、维护社会稳定中的重大问题，防灾减灾救灾和重大突发公共事件处置保障短板，处理新形势下人民内部矛盾和强化社会治安整体防控的主要情况和重点问题

"完善国家安全法治体系、战略体系、政策体系、风险监测预警体系、国家应急管理体系""完善国家安全力量布局，构建全域联动、立体高效的国家安全防护体系"……党的二十大报告提出了一系列新理念新思想新战略，为我们更好满足人民群众日益增长的安全需要，不断开创应急管理事业发展新局面指明了目标和方向。

稳定是人民的根本利益所在，是改革发展的基本条件，也是现代

化建设的基本经验。习近平总书记在党的二十大报告中指出："国家安全是民族复兴的根基，社会稳定是国家强盛的前提。"社会稳定对国家命运和人民利益至关重要，为全面建成社会主义现代化强国而团结奋斗尤其需要安全稳定的社会环境。稳定才能发展，没有稳定的环境，什么事都搞不成，取得的成果也可能会失掉。大到一个国家，小到一个地区，切实做好维护社会大局和谐稳定，是共同的目标和全社会的责任。因此，要着力保持平稳健康的经济环境、国泰民安的社会环境、风清气正的政治环境，确保党和国家事业行稳致远。

我国是世界上自然灾害最为严重的国家之一。防灾减灾是关系人民群众生命财产安全和国家安全的大事。习近平总书记强调："人类对自然规律的认知没有止境，防灾减灾、抗灾救灾是人类生存发展的永恒课题。科学认识致灾规律，有效减轻灾害风险，实现人与自然和谐共处，需要国际社会共同努力。中国将坚持以人民为中心的发展理念，坚持以防为主、防灾抗灾救灾相结合，全面提升综合防灾能力，为人民生命财产安全提供坚实保障。"[1] 进入新时代，我国防灾减灾救灾体系建设取得明显成效，成功应对了一系列重特大自然灾害。但也要看到，时下自然灾害易发高发，多灾种集聚和灾害链特征日益突出，我国防灾减灾救灾体系在统筹协调机制、抗灾设防水平、救援救灾能力等方面仍存在不足，亟待补短板强弱项。防灾减灾不仅需要提升快速反应水平、应急处突能力，还要提升规律认识、进行长远谋划。

---

[1]《习近平向汶川地震十周年国际研讨会暨第四届大陆地震国际研讨会致信》，《人民日报》2018 年 5 月 13 日。

2020年9月8日，习近平总书记在全国抗击新冠肺炎疫情表彰大会上指出："这场抗疫斗争是对国家治理体系和治理能力的一次集中检验。要抓紧补短板、堵漏洞、强弱项，加快完善各方面体制机制，着力提高应对重大突发公共卫生事件的能力和水平。"

近年来，自然灾害和重大突发公共事件频发，我们必须清醒地认识到，一些薄弱环节依然存在。从国家应急管理体系上看，相关部门职责边界模糊、垂直领导与横向协同不畅等问题还在一定程度上存在；从法治和政策体系上看，法规滞后且不够科学完善，甚至相互冲突的情况仍然存在；从风险监测预警体系上看，技术手段的先进性、预测预报的精准性还有待增强。

例如，2023年2月22日，内蒙古阿拉善盟阿拉善左旗新井煤业有限公司露天煤矿发生大面积坍塌，事故造成人员伤亡和失联。事故发生后，习近平总书记高度重视并作出重要指示，内蒙古阿拉善左旗新井煤业有限公司露天煤矿坍塌事故造成多人失联和人员伤亡，要千方百计搜救失联人员，全力救治受伤人员，妥善做好安抚善后等工作。要科学组织施救，加强监测预警，防止发生次生灾害。要尽快查明事故原因，严肃追究责任，并举一反三，杜绝管理漏洞。

再如，新冠疫情发生以来，中国人民在党的领导下进行了一场惊心动魄的抗疫大战。经过多方面艰苦卓绝的努力，我们在较短时间内取得了抗疫斗争的重大战略成果，生产生活秩序逐渐恢复。这一过程中，我国国家治理体系高效运转、精准发力，取得的战略性成果就是对治理效能最好的诠释。肯定战"疫"成绩的同时，此次抗击疫情的斗争中所暴露出的短板和问题不能不引起我们正视。譬如在疫情早期，疫情防控机制监测、预警工作效果不理想，疫情信息公开严重不足以及信息误导等，不一而足。

从各种频发事件来看，各级领导干部要把维护社会稳定的重大问题，防灾减灾救灾和重大突发公共事件处置等相关问题作为重点，加强调查研究，查短板，建立责任制，保障人民生命和财产安全。

十一、全面从严治党中的重大问题，落实党的领导弱化虚化淡化、党组织政治功能和组织功能不够强，干事创业精气神不足、不担当不作为，应对"黑天鹅"、"灰犀牛"事件和防范化解风险能力不强，形式主义、官僚主义，特权思想和特权行为等重点问题

习近平总书记在党的二十大报告中指出："全面从严治党永远在路上，党的自我革命永远在路上。"2023年1月9日，在二十届中央纪委二次全会上，习近平总书记再次深切告诫全党："要站在事关党长期执政、国家长治久安、人民幸福安康的高度，把全面从严治党作为党的长期战略、永恒课题。"党的十八大以来，以习近平同志为核心的党中央直面党内存在的重大风险考验和突出问题，以动真碰硬的担当精神、坚韧顽强的意志品质和坚强有力的治理举措，深入开展正风肃纪和反腐败斗争，党内政治生活气象得到更新，党内政治生态得到净化，党的面貌焕发出新的强大生机与活力。与此同时，我们也要清醒认识到"党的建设还存在不少薄弱环节"，全面从严治党是一项长期的、艰巨的系统工程，且存在着反复性与周期性，因此不能停滞、不能松

懈。特别是在当前全面从严治党向纵深推进的进程中仍面临不少困难和问题，严重影响了治党的实效，必须引起高度重视并加以有效解决。

党的作风建设任重道远。制定和实施中央八项规定是新时代中国共产党加强作风建设的突破口，也是彰显党的作风建设成效的风向标。党的二十大强调要"锲而不舍落实中央八项规定精神"。中央八项规定是新时代全面从严治党的关键举措和重要抓手，加强对违反中央八项规定精神问题的整治将会是今后很长一段时期的重要任务，加强党的作风建设依然要一以贯之。违反中央八项规定精神较为突出的是"四风"问题，尤其是形式主义、官僚主义。从根本上说，形式主义是脱离实际、浮于表面，官僚主义是脱离群众、违背初心，特权思想和特权行为是权力观的扭曲。这些问题不仅腐蚀党的自身，而且严重破坏党群关系、侵蚀党的执政基础。扫除这些积弊，加强作风建设是关键。需要注意的是，作风建设是一项重大而艰巨的任务，不能急于求成。一是作风建设是一个系统工程。在这个系统工程中，要优先解决好主要矛盾，这些矛盾本身的复杂性和多样性增加了党的作风建设的难度。二是党的作风建设有待继续深入。持续深化纠治"四风"，要求提升责任主体的思想认识和自身素养，敢于斗争、善于斗争；净化政治环境，营造良好政治氛围；建立健全党的制度体系，强化制度的刚性约束。从加强主体建设、优化政治环境、强化制度保障等来看，党的作风建设有待继续深入。三是"一抓就紧、一放就松"现象时有存在。作风本身是一种具有顽固性和变异性的自主结构。以钉钉子精神加强作风建设，防反弹回潮、防隐形变异、防疲劳厌战的任务依然艰巨。

一体推进不敢腐、不能腐、不想腐任务艰巨。一体推进不敢腐、不能腐、不想腐，是反腐败斗争标本兼治的基本方针，也是新时代全面从严治党的重要方略。一体推进"三不腐"是全面从严治党的重要抓手，今后还有很长的路要走。从"形成不敢腐的惩戒机制、不能腐的防范机制、不易腐的保障机制"的正式提出，到推动"形成不敢腐、不能腐、不想腐的有效机制""深化标本兼治，夯实治本基础，一体推进不敢腐、不能腐、不想腐"的具体阐述，再到"坚持不敢腐、不能腐、不想腐一体推进，以零容忍态度反腐惩恶"重大部署。新时代十年来，"不敢腐、不能腐、不想腐"的内涵不断丰富，体制不断健全，但一体推进不敢腐、不能腐、不想腐的协同性和有效性有待增强，反对腐败、建设廉洁政治的任务仍然繁重。从腐败态势的研判来看，当前腐败呈现"三个交织"新特点，包括政治问题和经济问题交织、传统腐败和新型腐败交织以及腐败问题和不正之风交织。腐败问题的复杂多变、腐败行为的隐蔽藏匿、腐败动机的萌生涌动等，给一体推进"三不腐"带来严峻挑战。从一体推进"三不腐"的系统性来看，一体推进"三不腐"的有效性源于其自身的协同性，一体推进"三不腐"，不仅要注意系统内部构成要素的完整、内部结构的优化，而且要促进整个体系的完善和发展，这些从来不是轻而易举的，也不是一蹴而就的。因此，一体推进"三不腐"需要久久为功、持之以恒。

党内政治生活亟待规范。把严肃党内政治生活作为推动全面从严治党向纵深发展的基础性工程，加快推动党内政治生活全面回归健康规范的轨道。党内政治生活是全面从严治党的重要载体和政治基础。需要注意的是，党内政治生活不规范、不严肃、不认真等问题时有出现。一是党内政治生活理论与实践方面。理论与实践联系不够紧密，有的只谈理论，不谈具体情况，开展党内政治生活时照本宣科，不谈工作、生活的实际，这会导致党内政治生活达不到预期的效果；有的只谈具体工作，不谈理论，实用主义为主，这就导致党内政治生活失去理论支撑，长此以往，党内政治生活就会僵化。二是批评与自我批评方面。在对党内其他同志进行批评的时候，往往碍于面子，或抱着不得罪人的心理，不痛不痒地说几句，避免谈到一些原则性问题，这种现象时有发生。在进行自我批评的时候，不敢对自己的缺点进行真正意义上的检讨。这就导致党内政治生活流于形式，定期召开，却无法取得预期效果。三是民主集中制方面。有的部门贯彻执行民主集中制片面化，甚至出现"一言堂""家长制"等现象，严重违背了党的民主集中制原则。长此以往，党内政治生活的重要作用无法发挥，严重损害党的肌体健康。

当前，部分党员领导干部从严治党的意志还需进一步坚定，党的作风方面存在的问题还需进一步清楚，党的制度体系还需进一步完善，党的全面领导还需进一步落实。这就要求各级领导干部高度重视全面从严治党的落实和成效，深入调查研究，探究全面从严治党的重大问题，防止和应对"黑天鹅""灰犀牛"事件等。

十二、本地区本部门本单位长期未解决的老大难问题

调查研究要真正解难题，解决长期困扰本地区、本部门、本单位的问题。习近平同志强调，衡量调查研究搞得好不好，关键要看调查研究的实效，看调研成果的运用，看能不能把问题解决好。调查研究

的根本目的是解决问题。各地区、各部门和各单位要聚焦长期难以解决的问题，深入调研，针对困难作出分析和提出解决措施。

和稀泥，碰到困难、问题就"躲猫猫"是不少地区、部门在工作中的常见做法，一些问题也因此迁延难解，拖成了老大难，影响了政府的公信力，也降低了群众的获得感。想要真心实意把事情办好，办法总比困难多。一味地躲和绕，既解决不了问题，也会让问题久拖不决最终成为顽症。

例如，山东政法队伍为解决好"老大难"问题，有的推出"司法为民办实事"便民举措，把"等群众上门"变为"送服务上门"；有的开展大走访大调研，把群众反映的"问题清单"变成"履职清单"；有的推进"放管服"和"最多跑一次"改革，让群众办事更便捷；有的打造"智慧法院""公益诉讼""无人警亭""智慧司法"等一体化的公共法律服务平台，优化流程、提高效率……山东部署开展政法队伍教育整顿以来，各级政法机关将教育整顿与"我为群众办实事"实践活动等紧密结合，强化履职尽责，勇于担当作为，创新了一系列立足实际、服务群众的有力举措，积极为群众办实事、解难题，有力地推动了全省政法队伍教育整顿走深走实，广大人民群众获得感、幸福感、安全感不断增强。

云南省昆明市则以党建为支点，撬动能利用的一切资源力量解决基层长期存在的"老大难"问题。面对昆明市五华区龙翔街道西站社区版筑翠园小区存在的"找个地方停电动自行车太难了""又有居民不顾安全隐患把车推进电梯"等问题。一方面，西站社区党委通过"大党委"机制，开展机关党组织和在职党员"双报到双服务双报告"工作，凝聚社区党员力量。2021 年 6 月，西站社区发布召集令，15 名"三双"报到党员经过实地走访，对小区空间布局进行了重新规划，新建了一个停车棚。另一方面，街道"党建联盟"与社区"大党委"共同发力，住建、城管、自然资源等部门到社区报到，提供帮扶支持，为版筑翠园小区新增车位 150 个。西站社区解决停车问题，正是昆明市推行街道"党建联盟"和社区"大党委"建设的生动实践。

显然，老大难问题都和群众日常生产生活密切相关，要想见到成效，在检查考核时不能只听干部怎么说，还要听听群众怎么说，看看群众获得感、幸福感、安全感有没有提升，整治成效要经得起群众和实践的检验。其中，发挥好群众的监督作用尤其重要，比如，在村庄环境整治工作中，可以在每个村选一些群众信得过、对村庄事务比较热心的村民担任监督员，定期给整治工作"体检"并提出一些可行性建议，让整治工作见长效。同时，把整治成效与干部工作评价挂钩，给干得好的干部以更大的舞台，让干得不好的干部红脸、出汗甚至挪位子，动真碰硬推动干部真抓实干解决问题。

此外，还要充分发挥典型案例的镜鉴作用，从而更好地解决"老大难"问题。以典型案例为镜鉴，关键在于反躬自省。"照镜子"既需要勇气，也需要方法。古人讲"见贤思齐焉，见不贤而内自省也"，这里的"思"与"内自省"，讲的就是方式方法。用今天的话来讲，就是要把自己摆进去、把职责和工作摆进去、把思想摆进去。多些换位思考，主动聚焦自身、自查自纠。从失察失责到整改不力，从把关不严到弄虚作假，公开曝光的典型案例不仅可以帮助相关部门检视问题，也可以追根溯源，找到"病根"。如果秉持"他是他、我是我"

的态度，缺乏自我审视，以看客的心态把别人的"事故"当成"故事"打听和传播，明知自身存有诸多隐患，却"睁一只眼闭一只眼"，讳疾忌医、得过且过，再深刻的典型案例也难以发挥警示作用。

　　对于老大难问题，一方面要以典型案例为镜鉴，避免重蹈覆辙，另一方面要坚持群众路线，做好群众工作。问题的解决不可能一蹴而就，因此各地政府部门要有耐心、有毅力，做好长期攻坚的准备，把问题放在心上，破除"事不关己、看热闹"的心理，代入式地审视别人的教训与漏洞，举一反三，不断推动经济社会持续发展。

第四章

全党大兴调查研究的
方法步骤和工作要求

调查研究是我们党的传家宝。党的十八大以来，以习近平同志为核心的党中央，更加重视调查研究工作，并就加强和改进调查研究工作，对领导干部提出了明确要求。新时代，面对国内艰巨繁重的改革发展稳定任务，领导干部要不断提高运用调查研究谋划工作、狠抓落实、解决实际问题的能力，练好、用好调查研究这个"看家本领"。习近平总书记关于调查研究的重要论述，已经形成系统完备、内涵丰富的体系，是习近平新时代中国特色社会主义思想的重要内容。在党的十九届一中全会上，习近平总书记再次大力提倡"要在全党大兴调查研究之风"①。中国特色社会主义进入新时代，面临新的战略机遇、新的战略任务、新的战略阶段、新的战略要求、新的战略环境，迫切需要通过调查研究把握事物的本质和规律，找到破解难题的办法和路径。在全党大兴调查研究，是深入学习贯彻习近平新时代中国特色社会主义思想、感悟这一重要思想的真理力量和实践伟力的必然要求。我们必须坚持辩证唯物主义和历史唯物主义的世界观和方法论，认真学习习近平总书记关于调查研究的重要论述精神，对于密切党同人民

① 习近平：《在党的十九届一中全会上的讲话》，《求是》2018年第1期。

群众的血肉联系，解决经济社会发展中存在的若干难题、问题，夺取新时代中国特色社会主义事业的伟大胜利具有重大而深远的意义。调查研究是我们党的光荣传统和优良作风，是我们工作的根本方法和根本原则。在新民主主义革命、社会主义革命和建设、改革开放和社会主义现代化建设新时期，正是因为党始终坚持调查研究，才取得了革命、建设和改革的伟大胜利；新时代各级领导干部，特别是年轻干部，必须用好调查研究这个法宝。坚持调查研究，从调查研究中汲取智慧和力量，在调查研究中科学决策、踏实工作，从而将社会主义现代化强国的建设之路踏得坚实而有力。

第一节 调查研究的根本方法

做好调查研究工作，既要本着对党和人民高度负责的精神，又要有抓铁有痕的韧劲，也要有踏石留印、锲而不舍的毅力，还要讲究方法。方法正确，才能达到目的。否则，就会功亏一篑。就党员干部而言，要灵活运用"遇事虚怀观一是，与人和气察群言"的科学方法。所谓虚怀，就是要善于倾听群众的真实想法，不管是批评意见，还是反对意见，都要耐心听取。所谓和气，就是要尊重群众的同时还要尊重事实，让有意见之人倾诉所有，与此同时还要积极地深入基层、深入地方，走访群众，实地调查，从而更加全面地思考问题，全方位了解情况，了解群众生产生活中遇到的困难等方面的真实原因，让调查研究工作更为真实更为有效。特别是在涉及群众切身利益的敏感问题上，要注意集中群众的智慧，杜绝主观臆断，做到不"唯上"、不"唯书"，只"唯实"，有一说一、有二说二，找出问题，调一次成一次，查一件成一件，研一件巩固一件，把群众的所想所盼所需搞清楚，弄明白。此外，还要借鉴历史遗留经验，即在调查研究中善于借鉴前人经验，善于对那些已经调查过的并习以为常的材料进行更加认真细致科学的分析，去粗取精，去伪存真，由此及彼，由表及里，做到一切从实际出发，通过借鉴研究和对实践经验的总结，提出新的解决方案，不断丰富和完善，形成合理且符合客观实际的解决办法。只有这样，才能使调查研究真正成为向党提供科学决策有用的参考依据。

从根本方法上来讲，党员干部进行调查研究必须坚持"从群众中来，到群众中去"和求真务实的工作方法，只有如此才能制定出符合社会发展需要的正确的路线、方针和政策，才能防止和克服党员干部在工作中出现的主观主义作风，才能建成社会主义现代化强国、实现中华民族伟大复兴。

一、坚持"从群众中来，到群众中去"的工作方法

中国共产党自诞生以来，就一直坚持马克思主义群众观，积极借鉴并吸收俄国革命中的群众经验，并将马克思主义群众观与中国实际相结合，创造性地运用到中国的革命、建设和改革的实践中，形成了中国化的马克思主义群众观——群众路线，从而丰富和发展了马克思主义群众观。

（一）坚持"从群众中来，到群众中去"的形成与发展

自 1921 年 7 月中国共产党成立到土地革命战争时期，这一时期是群众路线的孕育萌芽阶段。1922 年 7 月，党的二大通过的《关于共产党的组织章程决议案》指出：党的一切运动都必须深入到广大的群众里面去。1925 年 10 月，《中国共产党扩大执行委员会决议案》提出：中国革命运动的将来命运，全看中国共产党会不会组织群众，引导群众。1928 年，党的六大首次提出了党的总路线是争取群众。1929年 12 月，在古田会议上，毛泽东指出：党的工作要"在党的讨论和决议之后，再经过群众去执行"。在革命的道路上，中国共产党坚持以马克思列宁主义为指导，逐步探索到了处理党和人民群众的正确方法。

在抗日战争时期和解放战争时期，群众路线开始在实践中日趋成熟。这一时期中国共产党对群众路线的理论概括也更加完整和系统。如毛泽东在《关于领导方法的若干问题》（1943 年）中就指出："在我党的一切实际工作中，凡属正确的领导，必须是从群众中来，到群众中去。这就是说，将群众的意见（分散的无系统的意见）集中起来（经过研究，化为集中的系统的意见），又到群众中去作宣传解释，化为群众的意见，使群众坚持下去，见之于行动，并在群众行动中考验这些意见是否正确。然后再从群众中集中起来，再到群众中坚持下去。如此无限循环，一次比一次地更正确、更生动、更丰富。"[1] 在解放战

---

①《毛泽东选集》第三卷，人民出版社 1991 年版，第 899 页。

争时期，紧紧依靠群众，发动群众，仅用三年多时间就取得了解放战争的胜利，推翻了国民党的腐朽统治。尤其是淮海战役，被陈毅形象地比喻为"人民群众用小推车推出来的"胜利。

1949 年，新中国成立后，中国共产党开始转变成为执政党，以毛泽东同志为核心的第一代中央领导集体始终高度重视在执政条件下的坚持群众路线问题。新中国成立初期，在党的组织和国家机关的工作人员中，已经有一些形形色色的脱离群众、官僚主义现象。有的高高在上，不接近群众，不重视调查研究，不了解工作中的真实情况；有的凭想象来考虑和决策；有的陷入事务主义，很少深入基层；有的甚至腐化变质，成了腐败分子。为了防止脱离群众、贪污腐化问题，党中央在毛泽东的领导下，坚决处置了刘青山、张子善腐败问题，达到了以一案教育挽救一大片、以一案促改一大批的目的，鲜明表达了刚刚执政的中国共产党与人民心连心的态度。1956 年，在党的八大上，邓小平在《关于修改党的章程的报告》中对群众路线作了新的概括，什么是党的工作中的群众路线呢？简单地说来，它包含两方面的意义：一方面，它认为人民群众必须自己解放自己，党的全部任务就是全心全意地为人民群众服务；党对于人民群众的领导作用，就是正确地给人民群众指出斗争的方向，帮助人民群众自己动手，争取和创造自己的幸福生活。因此，党必须密切联系群众和依靠群众，而不能脱离群众，不能站在群众之上；每一个党员必须养成为人民服务、向群众负责、遇事同群众商量和同群众共甘苦的工作作风。另一方面，它认为党的领导工作能否保持正确，决定于它能否采取"从群众中来，到群众中去"的方法。① 邓小平的这篇讲话，是对毛泽东群众路线的最系统的概括，基本构成了社会主义建设时期党的群众路线的全部内容。在实践中，中国共产党人紧紧依靠人民群众的支持，取得了社会主义革命、建设的重大成就，建立起独立的比较完整的工业体系和国民经济体系，社会主义中国在世界东方真正站起来了。

改革开放和社会主义现代化建设新时期，以邓小平同志为主要代表的中国共产党人，在继承党的群众路线的基础上，进行了新的拓展和发展，以新的内容丰富发展了党的群众路线。邓小平指出，"群众路线和实事求是这两条是最根本的东西"，"群众路线和实事求是特别重要"。邓小平把"三个有利于"作为衡量各方面工作成败的标准，把人民"拥护不拥护""赞成不赞成""高兴不高兴""答应不答应"作为我们党制定各项方针政策的出发点和归宿。江泽民指出，"政治问题主要是对人民群众的态度问题，同人民群众的关系问题"，并明确提出了"立党为公、执政为民"的重要理念，尤其是把"代表最广大人民的根本利益"作为"三个代表"重要思想的核心内容。以胡锦涛同志为主要代表的中国共产党人诠释了党的群众路线的新内涵，强调"权为民所用，情为民所系，利为民所谋"，总结和提炼了科学发展观，强调发展为了人民，发展依靠人民，发展成果由人民共享，把"始终保持党同人民群众的血肉联系"作为保持和发展马克思主义政党先进性的根本点，作为提高党的建设科学化水平的重要任务。

在新的历史条件下，习近平总书记把群众路线上升到党的生命线

---

① 参见《邓小平文选》第一卷，人民出版社 1994 年版，第 217 页。

高度，把保持党同人民群众的血肉联系作为关系党生死存亡的大事对待，对群众路线作了很多重要论述，并且在实践中为群众路线的贯彻落实营造了良好的政治生态环境。习近平总书记多次强调要坚持群众路线。他鲜明指出："我们党来自人民、植根人民、服务人民，党的根基在人民、血脉在人民、力量在人民。""人民对美好生活的向往，就是我们的奋斗目标。""把为民务实清廉的价值追求深深植根于全党同志的思想和行动中。""时刻把群众安危冷暖放在心上。""群众路线是我们党的生命线和根本工作路线，是我们党永葆青春活力和战斗力的重要传家宝。不论过去、现在和将来，我们都要坚持一切为了群众，一切依靠群众，从群众中来，到群众中去，把党的正确主张变为群众的自觉行动，把群众路线贯彻到治国理政全部活动之中。"① 显然，无论是在哪一历史阶段，"从群众中来，到群众中去"都是马克思主义认识论的重要体现，是党的领导方法和工作方法。

（二）坚持"从群众中来，到群众中去"的必然性与重要性

"办好中国的事情，关键在党"，中国共产党作为执政党，能否带领人民群众把中国的事情办好，首先要解决的就是"打铁必须自身硬"的问题。显然，这是新时期践行群众路线的基础。认识党内存在的问题与不足并加以解决，是研究群众路线的必要性工作。新时代，随着社会主义市场经济体系的发展与社会的转型，党面临着"四大考

---

① 中共中央文献研究室编：《习近平关于全面从严治党论述摘编》，中央文献出版社 2016 年版，第 156 页。

验""四种危险"等不同形式的挑战，面对党内出现的形式主义、官僚主义、享乐主义以及奢靡之风，致使党有脱离群众的危险等现象，必须认真加以解决。党和群众是鱼和水的关系，如果作风建设不加强，那么党在群众中的影响力与威望就会逐渐减弱，最终脱离群众。毛泽东思想活的灵魂之一就是坚持群众路线，这是历史的实践所得出来的宝贵结论，是需要党为之长期努力坚守的重要理论武器。

纠正错误认识，树立群众观念，党员干部必须用辩证的观点来全面认识和理解群众路线的科学内涵。

坚持对党忠诚与对人民负责的有机统一。中国共产党的根本宗旨是全心全意为人民服务。党员干部能否站稳党的根本立场、践行党的根本宗旨，是鉴别党员党性的关键一环。坚持党的群众路线是坚持党的根本立场和践行党的根本宗旨的必要途径和方法，这应该是每位党员干部都应有的政治态度，也是观察一个党员对党忠诚与否的重要指标。对党忠诚与向人民负责是有机统一的。历史和实践证明，只有保持对党忠诚，才能更有利于党员向人民负责，只有向人民负责，才能更加坚定对党忠诚的决心，才能得到人民群众对党的拥护和热爱。

坚持群众路线是科学方法，体现着党的领导方法和工作方法的统一。党的群众路线首先是一种领导方法。我们党为了实现社会主义和共产主义的目标，要求党员干部在领导人民进行革命和建设中坚持"从群众中来，到群众中去"的方法。党的群众路线还是一种工作方法，为了做好各项工作，各级党员干部都要积极深入群众，充分调动他们的主动性和创造性。群众路线的领导方法和工作方法是辩证统一的，绝不是截然分开或是对立的，前者决定着后者的选择，后者则影响着前者的效果。只有二者相辅相成，才能使党员干部充分发挥作用，使自己的工作达到预期的效果和成效。

坚持将学习群众与引导群众相结合。使用"从群众中来，到群众中去"的方法，可以使党员干部充分地了解民意和民心所向，从而实现更有针对性的服务，还可以将群众的智慧汇聚在一起，为党的决策的形成奠定科学的思想和认识基础。与此同时，坚持群众路线，要有"来"有"去"，把从群众中收集的民意、民智升华、提炼再返回到群众中去，引导群众听党话、跟党走。

坚持群众路线是规范权力运行、增强"权力是人民赋予的"意识与"权为民所用"行为的统一。党的群众路线是领导方法和工作方法的有机统一，这不仅是就执政的共产党来说的，也是对各级握有权力的党员领导干部来说的。我国宪法明确规定："中华人民共和国的一切权力属于人民。"各级党员领导干部都应意识到"权力是人民赋予的，要为人民用好权，让权力在阳光下运行"，反对以权谋私。坚持党的群众路线，就是要充分了解广大人民群众的利益、愿望、要求以及困难和疾苦，更好地"用权于民"，实现"权为民所用"。坚持党的群众路线，内涵丰富而深刻，并跟随时代发展而不断增加新意蕴，我们要在掌握群众路线基本内涵和要求的同时，不断增强群众观念，更新群众工作技能，实现为人民服务意识与能力的与时俱进。

（三）坚持"从群众中来，到群众中去"的具体工作方法

"从群众中来，到群众中去"就是把群众分散的、零碎的、正确的认识集中起来，然后经过系统的加工、整理，由感性认识上升为理

性认识，转化为开展工作的路线、方针、政策、工作计划、工作指示和实施方案，指导人们进行实践活动。"从群众中来，到群众中去"有以下具体方法。

1. 解剖麻雀法

主要是深入一个单位、一个地区，调查了解情况，摸底试点，采集试点的材料，研究试点的情况，从而作出具有普遍指导意义的决策。但是，调查研究的试点往往具有特殊性，与整体的普遍规律相比又独具其特色。因此，应用此法必须有严谨的科学精神，严格区分普遍性和特殊性，一般规律和特殊规律，将"解剖麻雀"所得出的认识，作出科学的适用范围界定。

2. 走马看花与下马看花法

毛泽东曾指出：调查有两种方法，一种是走马看花，一种是下马看花。走马看花与下马看花的做法就是站在整体的高度，全面地掌握材料，然后深入某个地区或单位，细致、深刻地掌握每一份材料。最后，将全局材料和局部材料综合起来，形成全面而正确的认识。使用此法，需要克服"走而不下"和"下多走少"两种倾向。"走而不下"容易忽视"点"，"下多走少"容易忽视"面"，只有"走""下"有机结合，才能更有效地展开工作。

3. 直接参与法

就是让人民群众直接参与重大决策的讨论与抉择。在重大改革方案和政策问题上让人民群众最大限度地参与，使群众了解政策实施的必然性和重要性，从而加强政策实行力度。

群众路线是党员干部需要长期坚持的工作方法，为避免形式主义等问题的产生，就需要用科学的制度提供保障，才能实现真正的科学领导。

1.建立联系群众和服务群众的制度

推进各级各项工作公开化、透明化，设置畅通的信箱、电话、网络平台等公共交流渠道，让群众充分了解各级党组织的工作，便于群众发现问题，发表意见以及监督工作。完善领导干部调研及下访制度，做到主动深入群众，解决群众实际问题。将领导干部工作成绩的考核纳入群众监督范畴。衡量领导干部工作要以群众是否满意作为标准。常态化领导干部深入基层调查研究机制，改进领导作风，将联系群众和服务群众的制度落实化，切切实实把群众利益落在实处。党员干部要时常进行实地调查，及时掌握人民群众的真实意见。鼓励群众提出利益诉求，并将问题及时暴露出来，寻求解决办法，真正做到有效维护群众的合法权益。将引导、约束、调节机制引入建立健全群众利益制度上，以规避损害群众利益的行为。

加强党密切联系群众的作风建设。落实"从群众中来，到群众中去"，不仅要在外部上下功夫，还要在内部努力。这就要求党员干部加强密切联系群众的作风建设。以人为本、执政为民是检验党一切执政活动的根本标准。任何时候都应该把人民利益放在第一位，始终与人民群众心连心、同呼吸、共命运。密切联系群众一直以来都是我们党的优良传统，必须毫不动摇地坚持下去。坚持领导干部联系群众的制度，经常深入基层，主动到群众中间去，倾听群众的呼声，了解群众的愿望，解决群众面临的问题，维护群众的合法权益。此外，还要深入开展党的群众路线教育实践活动，解决好人民群众反映强烈的各种问题，提高做好新形势下群众工作的能力。

2. 为人民群众行使权力提供制度和法律保障

制度是根本。人民代表大会制度是我国的根本政治制度，它在根本上保障了我国最广大人民的当家作主地位，能够保证人民通过人民代表大会行使权力。因此，应当继续完善这一制度，提高基层人大代表特别是一线工人、农民、知识分子等代表的比例，降低相关领导干部代表比例。与此同时，还应当完善基层的民主制度，在城乡社区治理、基层公共事业中实行群众自我管理和自我服务，使人民群众直接行使民主权利，充分发挥人民群众的主动性和创造性。唯有始终为广大人民群众提供这种制度体制的保障，才能确保"从群众中来，到群众中去"的方法得到真正落实。此外，还应当提供相应的法律法规来保障群众的权利。只有坚持依法治国，才能充分保障人民当家作主。建立健全能够切实保障广大人民群众的政治权益、经济权益、文化权益、社会权益和生态权益的各种法律法规，制定符合人民群众利益的政策，在法律政策上保证人民群众建设中国特色社会主义的积极性、主动性和创造性。

建立科学民主的决策制度，是推进决策科学化、民主化的重要前提。决策是否正确直接与人民群众利益是否得当息息相关，这就使人民群众对制定决策最有发言权。人民群众参与决策的过程，是决策民主化的重要体现。因此，要切实保证人民群众的知情权、参与权、表达权和监督权。首先，要做到政务公开。各级领导干部要对涉及群众切身利益的重大决策，实行民主评议，即从人民群众的根本利益出发，广泛地听取社会各阶层人民群众的意见和建议，并将这些落到实处。其次，要建立健全民主科学的决策制度。在协商渠道方面，拓宽国家政权机关、党派团体、政协组织、社会组织等协商渠道。在协商制度上，要深入贯彻立法协商、行政协商、民主协商、参政协商、社会协商的协商制度。最后，完善研究咨询机构，发挥专家的专业特长，通过论证、咨询、评估等方式，吸收专家学者建议，在尊重科学、尊重实际的基础上作出科学的决策，并以此为基础建成中国特色新型智库，完善科学决策咨询制度。

3. 建立和完善人民群众的监督机制

没有监督的权力必然会导致腐败，绝对的权力会导致绝对的腐败。要防止腐败的发生，使权力真正用来为人民群众谋福利，就必须加强人民群众对权力的制约和监督机制。只有加强监督，才能做到凡是涉及群众切身利益的决策，党员干部都能够充分地听取群众的意见，凡是损害群众利益的做法都能够有效地防止和纠正。一个好的党员干部，必须真正地掌握"从群众中来，到群众中去"的工作方法，这就要求党要重点加强对干部的监督，推行党政领导干部的问责制，健全干部选拔任用监督机制和干部选拔任用责任追究制度，加强对干部选拔的任用提名、考察、决定等环节的监督。总之，要综合运用多种制约和监督形式，拓宽监督渠道，切实保障人民群众监督权益的实现，通过多种形式的监督，真正让领导干部始终落实"从群众中来，到群众中去"的工作方法。

群众的监督作用在决策推行的过程中有着不可忽视的作用。为了让人民群众能够清晰并且及时地了解各项决策事项，首先要做到的就是将决策内容通过各种形式向群众公示。将群众监督与舆论媒体监督相结合并通过组织评议会、搭建网络平台、呼叫中心、听证会等多种公开的形式建立健全多种渠道、多个层次的民意参与渠道，收集民意信息，方便民众参与监督。其次，各级决策部门要认真地整理群众意见，并以此作为确定和调整工作思路、制定决策的基本依据。只有切实倾听民众的呼声，才能保证决策的效果，并得到群众的认可和拥护。

（四）坚持"从群众中来，到群众中去"的现实意义

坚持"从群众中来，到群众中去"的工作方法，对于实现党的路线、方针、政策，始终保持党同人民群众的血肉联系，具有十分重要的现实意义。

首先，人民群众是历史的创造者，凡是正确的领导意见，必是从群众中来的。人民群众是历史的创造者，是实践的主体，是推动历史发展的决定力量，我们必须坚持相信群众、依靠群众并勇于向人民群众学习。毛泽东多次指出，"人民，只有人民，才是创造世界历史的动力"①，"群众是真正的英雄"。刘少奇指出："一切为了人民群众的观点，一切向人民群众负责的观点，相信群众自己解放自己的观点，向人民群众学习的观点，这一切，就是我们的群众观点。"②习近平总书记也强调："人民是历史的创造者，人民是真正的英雄。波澜壮阔的中华民族发展史是中国人民书写的！博大精深的中华文明是中国人民创造的！历久弥新的中华民族精神是中国人民培育的！中华民族迎来了

---

① 《毛泽东选集》第三卷，人民出版社 1991 年版，第 1031 页。
② 《刘少奇选集》上卷，人民出版社 1981 年版，第 354 页。

从站起来、富起来到强起来的伟大飞跃是中国人民奋斗出来的！"① 人民群众是历史的主人，是"真正的英雄"，要向人民学习。人民群众是创造历史的主角，党员干部要甘当人民群众的小学生，这是我们获得长久执政的必由之路。不向人民群众学习，不在群众的实践中获取所需，就势必脱离群众，使党孤立起来。只有虚心地向人民群众学习，把人民群众的智慧和经验集中起来，才能作出正确的决策，才能够具体地启发群众的觉悟，指导并服务于群众。

其次，实践是检验真理的唯一标准，从群众中集中起来的意见，必须再回到群众中去。要深入基层开展调查研究，和群众交心，并了解群众的困难或疾苦，以及他们的所盼所需所望，当好群众的"知心人"和"自己人"。习近平同志在宁德任职期间提出，党员干部要"信访接待下基层、现场办公下基层、调查研究下基层、宣传党的方针政策下基层"，反对"高高在上"的"做官当老爷"的官僚主义作风。党员干部应该认真学习这种"坚持眼睛向下，脚步向下，尊重基层群众实践，解决群众生产生活中面临的突出问题"的作风和精神，多到群众最需要的地方去解决问题，多到发展最困难的地方去打开局面。可见，从群众中来的正确意见，必须再次回到人民群众的生产、生活中去。只有经过人民群众实践检验的意见和经验，才能指导党的事业的发展。

最后，中国共产党带领人民革命、建设和改革的实践证明，凡属正确的领导，必是从群众中来，到群众中去。中国共产党将马克思主

---

① 《习近平谈治国理政》第三卷，人民出版社 2020 年版，第 139 页。

义基本原理同中国具体实际相结合，紧紧依靠广大人民群众，最终实现了革命的胜利。正如毛泽东所说，"这五十多年来的革命的经验教训是什么呢？根本就是'唤起民众'这一条道理"①。新中国成立后，中国共产党面对经历战火洗礼的中国大地，号召广大人民群众一起努力，工业化建设蓬勃展开，社会主义事业依然在困苦的条件下取得了很大的成就，初步实现了社会主义工业化。经历了"文化大革命"的动荡后，以邓小平同志为主要代表的中国共产党人，开始中国的改革开放道路，把中国推向世界。党的十八大后，中国特色社会主义进入新时代，在以习近平同志为核心的党中央坚强领导下，在习近平新时代中国特色社会主义思想科学指引下，赢得了伟大胜利和荣光的中国共产党和中国人民，正意气风发行进在不可逆转的民族复兴的新征程上。"从群众中来，到群众中去"是我们党的基本领导方法，在理论上，它遵循着马克思主义认识论基本原理，在中国革命、建设和改革的实践中不断发展与完善，也必将在实现中华民族伟大复兴的中国梦、全面深化改革的伟大征程中指引党和人民披荆斩棘、乘风破浪取得新的伟大胜利。

二、坚持求真务实的工作方法

求真务实最早由毛泽东在新民主主义革命时期提出，用来批判不切实际的空谈，尤其是党内出现的教条主义和形式主义两种现象。教

---

① 《毛泽东选集》第二卷，人民出版社1991年版，第565页。

条主义主要表现为从僵化的书本知识、条条框框出发，不以实际为依据，理论定义超过一切，将理论与实践分割开来，热衷于只说不做；形式主义是指看重表面超过内容、注重形式超过实效、乐于搞花架子，爱做表面文章。基于此，毛泽东阐明了求真务实对于党的建设的重要性与必要性。

求真务实是中国共产党的优良传统，是共产党人重要的思想方法和工作方法，是贯彻党的思想路线的基本要求。调查研究必须坚持实事求是的原则，树立求真务实的作风，具有追求真理、修正错误的勇气。习近平同志指出：现在有的干部善于察言观色，准备了几个口袋，揣摩上面或领导的意图来提供材料。很显然，这样的调查是看不到实情、得不到真知、作不出正确结论的。

（一）坚持求真务实的必要性

在中国传统文化语境中，"真"代表着事物的本来面貌，"实"代表着内质充盈的饱满状态，"真""实"两个字构成了客观世界的存在基础，也反映了人们认识世界的价值取向。"求真"就是追求真理，以实际为依据，从事实出发，把握事物的内在规律。"务实"就是对"求真"的落实，是发挥人的主观能动性的体现，是在科学正确的理论指导下的具体实践。求真务实需要理论与实践的辩证统一，其精髓就是要实事求是，是马克思主义理论重要精神品质之一，是中国共产党一以贯之的优良传统，是中国共产党人必须具备的政治素养。

求真务实是共产党人的重要思想方法和工作方法，是贯彻我们党的思想路线的基本要求。习近平总书记多次强调保持和发扬求真务实作风，努力做到察实情、出实招、办实事、求实效。因此，党员干部要深刻理解求真务实的真正意旨和内涵，立足本职、埋头苦干，坚决反对形式主义，努力打造社会发展的新局面。党员干部必须以"求真务实"的工作态度、工作方法，拿出实实在在的有效举措，埋头苦干、真抓实干，真正地为人民办实事、办好事，满足人民日益增长的对美好生活的需要。只有如此，我们的国家、我们的民族，才能从近代的落后挨打，走到今日即比历史上任何时期都更接近、更有信心和能力实现中华民族伟大复兴的新时代，这些靠的正是一代又一代中国人的顽强拼搏，靠的是优秀的党员干部的自强不息、求真务实的奋斗精神。

习近平同志特别强调，求什么真、务什么实——求客观实际之真，务执政为民之实；怎么求真、怎么务实——深化理论武装求真谛，深入调查研究重实际；如何做到求真、做到务实——狠抓工作落实动真格；求真为了谁、务实为了谁——高度关注民生系真情，坚持为民谋利出实招。并号召党员干部迈开脚步到田间地头去、到乡村去、到厂矿去，到艰苦的地方去，到一线去，就是为了让他们亲临现场，看到真实的场景，听到群众的话语，了解真实的情况。求真，是习近平总书记一以贯之的执政理念和工作作风，也体现在他的治国理政实践中。他曾这样强调，我们党是靠实事求是起家和兴旺发展起来的。坚持实事求是，就能兴党兴国，违背实事求是，就会误党误国。他指出："什么是作秀，什么是真正联系群众，老百姓一眼就看出来了。"[1] 脚力，是求真的第一步，也是重要的一步。

---

[1] 习近平:《转变作风要打破"围城"》，新华网，2013 年 7 月 23 日。

务实的过程，就是要党员干部到群众中去听实话、摸实情、办实事。务实就是要为人民谋利益。"共产党人的政绩，就是做得人心、暖人心、稳人心的事，就是解决群众最关心、最迫切需要解决的问题。"可以说务实就是一种作风，需要党员干部有勇气和担当。"每一个领导干部都要拎着'乌纱帽'为民干事，而不能捂着'乌纱帽'为己做'官'。""权力不是一种荣耀，而是一副担子，意味着领导责任。它要求各级领导干部必须恪尽职守，勇于负责。特别是出了事要有严于责己和承担责任的勇气。"[①] 如何做到务实？一是按客观规律办事。"坚持按客观规律办事，重实际、鼓实劲、求实效，不图虚名，不务虚功，不提脱离实际的高指标，不喊哗众取宠的空口号，不搞劳民伤财的假政绩，扎扎实实地把各项工作落到实处。"[②] 二是真抓落实。"必须把抓落实摆上重要位置，做到落实、落实、再落实。实践表明，抓而不紧，等于不抓；抓而不实，等于白抓。"[③] 只有务实才能够赢得民心。"领导干部要想真正在群众心目中留下一点'影'、留下一点'声'、留下一点印象，就要精心谋事、潜心干事，努力为人民多作贡献，而绝不能靠作秀、取宠、讨巧，博取一些廉价的掌声。""既要多办一些近期能见效的大事、好事，又要着眼长远、着眼根本，多做一些打基础、做铺垫的事，前人栽树、后人乘凉的事，创造实实在在的业绩，

---

① 习近平：《干在实处　走在前列——推进浙江新发展的思考与实践》，中共中央党校出版社 2006 年版，第 419 页。

② 习近平：《之江新语》，浙江人民出版社 2007 年版，第 30 页。

③ 习近平：《之江新语》，浙江人民出版社 2007 年版，第 32 页。

赢得广大人民群众的信任和拥护。"① 要抓实做细事关群众切身利益的每项工作，努力办实每件事，赢得万人心。对于务实的作风，习近平总书记还有过很多大家耳熟能详的论述，比如，"空谈误国、实干兴邦""一分部署，九分落实""发扬钉钉子精神""抓铁有痕、踏石留印""干部干部，干是当头的""撸起袖子加油干"等。可见，务实是习近平总书记重要的执政理念。

（二）坚持求真务实的具体要求

"求真"是"务实"的前提和基础。如果务实不以求真为基础，那么结果往往是偏离实际。理论来源于实践，实践是检验理论的标准，"务实"是对"求真"的验证和实践。如果求真不以务实为目标，则容易眼高手低、纸上谈兵。求真务实的作风一旦分割开来，则会出现一系列空谈的调查结果，影响政策、方针等的落实，造成不良的后果。因此，在调查研究中必须坚持求真务实的作风。

保持和发扬求真务实作风，要求每一个党员干部以实际为本、以实行事。调查研究一定要从客观实际出发，不能带着事先定的调子下去，而要坚持结论产生在调查研究之后，建立在科学论证的基础上。对调查了解到的真实情况和各种问题，要坚持有一是一、有二是二，既报喜又报忧，不唯书、不唯上、只唯实。在调查研究中能不能、敢不敢实事求是，不只是认识水平问题，而且是党性问题。只有公而忘私，把党和人民利益放在第一位，才能真正做到实事求是。在领导机

---

① 习近平:《之江新语》，浙江人民出版社 2007 年版，第 25 页。

关、领导干部中，要进一步营造和保持讲真话、讲实话、讲心里话的良好氛围，鼓励如实反映情况和提出不同意见，积极开展批评与自我批评，坚决反对上下级和干部之间逢迎讨好、相互吹捧，坚决反对把党内生活庸俗化。党员干部对党、对人民要忠诚，做一个老实人、说老实话、干老实事，胸怀坦荡，公道正派。但是，在现实生活中，个别党员干部在工作中仍然弄虚作假、欺上瞒下，热衷于面子工程，热衷于数字游戏，严重污染了党内政治生态和政治生活的环境。习近平总书记针对此问题深刻指出："要实事求是，求真务实，踏踏实实做这个事，不能搞数字游戏。"党员干部要想实事求是，就要树立正确的事业观和政绩观，办事不图虚名，多做基础性工作和长远性工作。要坚持实事求是的做事态度，以科学的想法去认识、把握和遵循客观的规律，发扬钉钉子精神，要一张蓝图干到底。为此，党员干部要深深植根于群众，加强与群众的联系，努力打造经得起人民和历史考验的成绩，使求真务实的作风在全党全社会形成一道亮丽的风景线。

保持和发扬求真务实作风，要求党员干部大兴调查研究之风。求真是一项系统化的工程，真理不是由一个个真相直接拼成的，决策者不能陷入"头痛医头、脚痛医脚"的思维误区。习近平总书记强调，"调查研究是谋事之基、成事之道"。因此，党员干部要带着问题深入群众，通过调查研究弄清事情的真相和原貌，把握问题的本质和规律，找到解决问题的方法和路径。要在"没有调查，没有发言权"的基础上，更进一步探索真理，保持"多走一步""多问一句""多想一层"的思维定力，要把求真的努力建立在客观而全面的调查研究之上，用"交换、比较、反复"的辩证思维方式获取科学且完整的真知。调查研究不仅要身体力行到基层，更要"心至"基层，对于群众最想、最急、最忧的问题，要主动地调研、深入地调研，确保能听到实话、看到实际、取得实效。

保持和发扬求真务实作风，要求党员干部始终坚持以人民为中心的基本立场。少数党员干部在思想上背离了群众，行为上疏离了群众，工作上脱离了群众，"眼睛只向上看、责任只往下扔"，这些人推动工作主要靠"文山会海"，而落实工作主要靠的是"考核评比"，这就变成了党员干部"自说自话""自娱自乐"的虚伪落实。党的事业一切是为了人民，社会国家的发展依靠人民，一旦脱离群众，便会违背初心，寸步难行。"时代是出卷人，我们是答卷人，人民是阅卷人"，只有树立起以人民为中心的发展思想，心中怀有对人民的真情实感，真心实意为满足人民的美好生活需要而付出努力，才能以人民最真实的获得感为工作的出发点和落脚点，把人民拥护不拥护、赞成不赞成、高兴不高兴、答应不答应作为衡量一切工作的根本标准，才能确保党员干部的工作不走样、见实效。

保持和发扬求真务实作风，要求坚持正确选人用人导向。习近平总书记指出，"端正用人导向是严肃党内政治生活的治本之策"。① 明确提出了信念坚定、为民服务、勤政务实、敢于担当、清正廉洁的好干部标准和"三严三实"、忠诚干净担当等要求。党员干部要注重发挥考核指挥棒的作用，坚持以实践为标准、以实绩为依据、以实干为导向，完善干部考核评价机制，科学设置考核指标和权重，"让真干

---

① 《习近平谈治国理政》第二卷，外文出版社 2017 年版，第 182 页。

假干不一样、干多干少不一样、干好干坏不一样"，鼓励党员干部敢于求真务实，努力开创新局面，真正为党和国家工作深思深察、尽责尽力，把工作的落脚点和着力点放到办实事、求实效上。

保持和发扬求真务实作风，要求党员干部办实事、求实效。习近平同志指出，"把抓落实的落脚点放到办实事、求实效上，而不是追求表面政绩，搞华而不实、劳民伤财的'形象工程'"①，抓落实，求实效成为以习近平同志为核心的党中央治国理政的鲜明特征。特别是在调查研究中，千万不能搞形式主义，不能搞浮光掠影、人到心不到的"蜻蜓点水"式调研，不能搞做指示多、虚心求教少的"钦差"式调研，不能搞调研自主性差、丧失主动权的"被调研"，不能搞到工作成绩突出的地方调研多、到情况复杂和矛盾突出的地方调研少的"嫌贫爱富"式调研。为此，习近平总书记指出，"要发挥考核指挥棒作用，把求真务实的导向立起来"②。因此，广大党员干部在带领人民群众开展工作时，必须坚持求真务实的工作作风，要秉持务实的工作态度，排除思想上的杂念，摈弃个人的私利，遵循做事规律，踏踏实实地为人民谋利益，创造实绩。务实作风建设，领导干部是关键。因此，应该谨记习近平总书记的要求，保持和发扬求真务实作风。要认真践行"三严三实"要求，说老实话、办老实事、做老实人。要树立正确的事业观和政绩观，办实事不图虚名，求实效不做虚功，多做打

---

① 中共中央文献研究室编：《十七大以来重要文献选编》（下），中央文献出版社 2013 年版，第 199 页。

② 2017 年 3 月 31 日，习近平总书记在中央政治局会议上的讲话。

基础、利长远的工作，努力创造经得起实践、人民、历史检验的业绩，使求真务实在全党全社会蔚然成风。习近平同志特别重视政策、工作的落实，指出，"我们的所有成就，都是干出来的。这里的关键，就是始终注重抓落实"[①]。习近平总书记提出要打通政策落实的"最后一公里"，他清楚地认识到政策再完美说到底是要在实干中加以落实的，不然就是虚幻的空中楼阁，必须将规划的蓝图落实到每位党员干部的工作中，才能真正发挥科学决策的价值，才能创造出实实在在的成绩。要实干，就要求真务实。现今，我国已完成全面建成小康社会的历史任务，党和国家面临新的挑战和风险，这对我们的工作提出了更高要求，在这样的关键时期，广大党员干部要更加严肃地端正作风，发扬求真务实、真抓实干的实干精神，扎扎实实将工作做实、做细。

（三）坚持求真务实的意义

坚持求真务实的工作作风，才能使党员干部深入群众，了解群众的疾苦，才能落实科学的政策。因此，现如今社会仍需广大党员干部继续坚持求真务实的作风，这是必须继承和发展下去的优良传统。

1. 崇尚求真务实之风有利于优化党群干群关系

求真务实的工作作风是我们党的优良传统，密切联系群众是中国共产党的最大政治优势，求真务实是密切联系群众的先决条件。改革开放以来，我国从农村到城市、从经济到政治进行了一系列改革，各

---

① 中共中央文献研究室编：《十七大以来重要文献选编》（下），中央文献出版社 2013 年版，第 196 页。

种阻碍经济社会发展的体制机制也在探索中逐步建立、完善和发展起来，经济社会高速的发展，取得了举世瞩目的成就。面对这些成绩，有些党员干部开始居功自傲，忽视了人民群众的重要作用，形式主义、官僚主义、享乐主义以及奢靡之风开始在党内滋长，并有蔓延之势。党的十八大以后，中国特色社会主义进入新时代，党的二十大后，中国开始向全面建成社会主义现代化强国的第二个百年奋斗目标迈进，党的各项决策都在围绕这一伟大目标进行部署。只有和谐的党群干群关系，才能够凝心聚力，才能够调动广大人民群众的积极性。党的群众路线教育实践活动、"三严三实"专题教育、"两学一做"学习教育、"不忘初心、牢记使命"主题教育、党史学习教育、学习贯彻习近平新时代中国特色社会主义思想主题教育等各种学习教育相继展开，很好地纠治了党内不正之风、纠正了干部的不良作风。如果党员干部背离了求真务实的工作作风，那么国家的各项制度和措施就难以落到实处，只有以习近平新时代中国特色社会主义思想来武装头脑，坚持和发扬求真务实的工作作风，认真践行"以人民为中心"的理想信念，才能够取得人民群众的信任，实现社会主义现代化、实现中华民族伟大复兴的宏伟目标。

2. 崇尚求真务实之风有利于更好地解决人民内部矛盾

矛盾是普遍存在的，人类社会总是在矛盾运动中发展进步的。如何统筹协调好各阶层之间的利益关系，是摆在党员干部面前无法回避的历史课题和难题。一些党员干部仍然习惯用老思想、老办法来解决问题，遇见矛盾就绕道走；一些党员干部不能沉下身子深入群众，不与群众直接交流，总是以书面材料为出发点；还有些党员干部"闭门造车""异想天开",搞"一刀切",严重脱离实际。致使人民内部矛盾长期得不到解决,在一定条件下就会发生激化,甚至造成群体性的事件,对社会危害极大。只有坚持求真务实的作风,勇于正视各种矛盾和问题,深刻分析人民内部矛盾的特点和规律,探索新的思路,创造新的机制,才能化解社会矛盾,促进社会和谐。如果背离了"真"和"实",必然会损害党和政府的形象,损害人民群众的切身利益,甚至在个别地方会激化社会矛盾,引发群体性事件,给社会和谐与稳定带来负面影响。实践证明,崇尚求真务实之风,真诚面对群众问题,真心解决群众的困难,有利于党群关系和谐发展,消除社会不和谐因素,是实现中国式现代化的必然步骤,是和谐社会建设的重要组成部分。

3. 崇尚求真务实之风有利于推动经济社会发展

党的十八大以来,以习近平同志为核心的党中央,以伟大的历史主动精神、巨大的政治勇气、强烈的责任担当,正确处理了发展与稳定、发展与民主、发展与环境、发展与和谐、发展与安全、发展与和平之间的一系列辩证关系,很好地统筹了国内国际两个大局,取得了举世瞩目的辉煌成就,领导人民成功走出中国式现代化道路,也为世界各国的可持续发展和现代化建设提供了重要借鉴和参考。党的十九大报告指出,中国特色社会主义进入新时代。新时代需要新思想,而新思想需要新的举措,习近平新时代中国特色社会主义思想是指引我国经济社会可持续发展的真理。坚持求真务实的工作作风,就是以习近平新时代中国特色社会主义思想为指导,坚持走中国特色社会主义政治发展道路,确立和坚持马克思主义在意识形态领域指导地位的根本制度,深入贯彻以人民为中心的发展思想,坚持"绿水青山就是金山银山"的理念，贯彻总体国家安全观，确立党在新时代的强军目标，全面准确推进"一国两制"实践，全面推进中国特色大国外交，深入推进全面从严治党，坚持新发展理念，坚持从当下着手、从身边的小事着手，牢记习近平总书记"空谈误国，实干兴邦"的谆谆教诲，以密切关系群众的小事为着手点，从客观实际和人民所思、所想、所盼出发，着力推动经济社会实现高质量发展。

第二节 调查研究的基本方法

调查研究的方法是指调查研究的途径、手段。随着科学技术日新月异的发展，现在的调查研究除了采用传统的方法外，又创造出了许多新的科学方法。掌握调查研究的基本方法是做好调查研究的基础。调查研究的方法有多种，最主要、最基本的有会议调查法、访谈调查法、观察调查法、问卷调查法、文献调查法、实验调查法以及其他有效方法。

一、会议调查法

会议调查法是指调查主体（调查者）通过召集一定数量的调查对象（被调查者）举行会议，或直接参加有关部门举行的一些相关会议，利用会议的形式来收集资料、分析和研究某一社会现象（调查内容）的一种调查研究方法。

会议调查法的主要程序包括：一是了解情况、收集资料；二是讨论、研究有关问题。会议调查的种类繁多，主要有：列席旁听型、专门举行型、附带进行型、收集资料型、研究问题型等。

（一）会议调查法的特点

会议调查法具有灵活性强、有效程度高、综合性强、可控性强等特点。会议调查法所访问的不是单个的被调查者，而是同时访问若干个被调查者，它不是通过与个别被调查者的交谈来了解情况，而是通过与若干个被调查者之间的集体座谈来了解情况。因此，会议调查的过程，不仅是调查者与被调查者之间互相影响、互相作用的过程，也是若干个被调查者之间互相影响、互相作用的过程。另外，会议调查可以在短时间内了解到比较详细的情况，效率比较高，而且由于参加会议的人员是比较熟悉情况的，因此掌握的材料会比较可靠。

（二）会议调查法的作用

在调查研究中，采取会议调查法能提高信息反馈的速度，提高调查效率。会议调查法能使被调查者把调查者需要了解的调查内容客观并具体地反映出来，保证调查的可靠性和全面性。会议调查法是完善调查手段、增强调查信度的有效方式。

二、访谈调查法

访谈调查法又称访问法或谈话法，是指调查者与被调查者通过口头交谈的方式了解被调查者情况的方法。但随着信息技术的发展，访谈调查法已经扩展到了电话访问、网上交流等间接的访谈方式。访谈调查法要求访谈者不仅要做好访谈前的各项准备工作，而且要善于与人沟通，与被访者建立起基本的信任和一定的感情，熟练地掌握访谈中的提问、引导等技巧，并根据具体的情况采取适当的方式进行面谈。

（一）访谈调查法的特点

访谈调查法是调查研究中最重要的、最常用的方法之一。这种方法的主要特点是：（1）它是一种研究性的访谈，是一种有目的、有计划、有准备的谈话，而且在谈话的过程中具有非常强的针对性，要始终围绕着研究主题而进行。这与日常的谈话有很大的区别，日常的谈话是一种非正式的谈话，大多没有明确的目的，也不需要进行一系列的准备，而且谈话方式也比较随意，较为松散。（2）它是以口头提问的形式来收集资料的，在整个访谈过程中调查者与被调查者直接见面并相互影响、相互作用，形成一种互动，而以书面提问的形式来收集资料的问卷调查法却不需要调查者与被调查者的直接接触，它们也由此形成了各自的特点与优势。访谈调查法的适用范围广泛，且灵活性强，成功率较高，获得的信息资料也比较具体、真实。但访谈调查的代价较高，回答问题的标准性和重复性较差，访谈易受访谈者的主观影响，记录也比较困难。

（二）访谈调查法的作用

访谈调查法收集信息资料是通过调查者与被调查者面对面直接的

交谈方式实现的，具有较好的灵活性和适应性，多用于个性、个别化的研究。访谈调查法还可以用于问卷调查法的补充，以澄清问卷中的一些模糊问题，增加某些重要问题的研究深度。访谈调查法与观察调查法相比，访谈这种形式可以直接了解受访者的思想、心理、观念等较为深层方面的内容。与问卷调查法相比，访谈还可以直接询问受访者本人对研究问题的一些看法，并提供让他们用自己的语言和概念表达观点的机会。它是访问者与被访者之间双向直接交流的一种互动式调查。问卷调查法以及文献调查法都是间接的调查法，观察调查法要求尽量减少对被观察者的影响，使用这三种调查方法都很难与被调查对象进行沟通和交流。

三、观察调查法

在日常生活中，我们每天都在观察着我们身边的世界。根据有关研究，我们所获取的外部世界的信息绝大部分是通过双眼观察而得到的。观察活动在人们社会生活的各个领域都发挥着重要的作用。在调查研究中，观察调查法也是一种重要的调查方法。

观察调查法是调查者亲临现场，通过感官的耳闻目睹或借助工具，对被调查对象进行有针对性的直接观察和记录，取得生动感性的信息资料的一种调查方法。观察调查法不是直接向被调查对象提问或访谈，而是凭借调查者的直观感觉或利用照相机、摄像机、录音机等器材，观察和记录被调查对象的活动或现场事实。

（一）观察调查法的基本要求

1. 观察要客观

为了得到准确的观察结果，观察者必须实事求是地进行观察、记录被观察对象，要避免观察错误，避免主观因素影响观察结果，避免先人的经验，不能受既定思想的束缚和影响，要尊重客观现象和事实，将观察到的情况如实地记录下来。

2. 观察要全面系统

在对被观察对象进行观察时，应注意对事物整体进行观察，避免一叶障目。

3. 观察对象的选择要有典型性

抓住典型往往使观察过程简化、易化，所得出的结论具有代表性。

4. 观察结论要具有可重复性

只有被观察者在相同的情形下可以重复出现时，观察才有科学意义。观察结论具有可重复性是保证调查研究科学性的必要条件。

5. 要敏于观察

观察者要具有对被观察对象的敏感性，善于捕捉被观察对象细微的一面，从而进行全面的观察。

6. 要勤于观察

观察者要付出努力，甚至可能是长期不懈的努力，才可能有所收获。在调查研究期间应对被观察者按照要求勤于观察，仔细记录。

（二）观察调查法的主要特点

1. 观察调查法是调研者有目的、有计划进行调查研究的方法

在观察调查的过程中，被观察对象不能受到调研活动的影响，而要按照事物本身的逻辑去发展。而调研者在观察开始前，必须明确观察的目的和内容，制定周密、详细的观察计划或观察表。在观察开始后，要根据既定的计划，按照观察表进行观察活动，并做好测量和记录。

2. 使用观察调查法的调查研究是调研者的单方行为

在观察调查过程中，观察活动是调研者的单方行为，而被观察者往往并不知情，处于被动地被观察的地位。调研者观察的对象是自然状态下发生的现象或行为，他们的行为不是人为的安排，也不是故意制造出来的，而是一种在社会生活中客观存在的现实。

3. 观察调查法要借助于一定工具进行

在观察调查活动中，用来进行观察的工具不仅仅只有眼睛等感官，其他感官鼻子、耳朵等也会参与其中，通过它们直接感知事物的发生、发展的过程、结果等。进行观察有时也需要借助观察仪器，包括照相机、望远镜、探测器、录音机、摄影机等，利用它们调研者可以更加精确地记录、观察和测量事物及其发展。

四、问卷调查法

问卷调查法，也称书面调查法、填表法，是指调研者运用统一设

计的问卷并选定一定数量的被调查者了解情况或征询意见的方法。这种方法能够突破时空的限制，同时进行大范围的调查，所得到的调查资料便于汇总整理和分析、较为可靠，用较小的人力物力收到比较大的效果。它是国际上通用的一种调查研究方式，也是我国近年来推广最快、应用最广的一种调查研究方法。

（一）问卷调查法的优缺点

问卷调查法是很普遍的社会调查研究方法，特别是在对现实问题的大规模调查研究时往往是一种不可替代的方案。

1. 问卷调查法的优点

问卷调查法的最大优点是它能够突破时空的限制，在较大范围内对众多的被调查对象同时进行调查。而且答卷是匿名的，被调查对象是经过思考之后才对问卷进行填写的。这有助于获得较为真实、准确的资料。问题的答案具有选择性，调查对象填答方便，这样调研者对答案统计也较为方便，因此能够对调查结果进行定量研究。另外，问卷调查法也节省了人力、时间和经费，这是问卷调查法特别是自填式问卷调查法的又一较为明显的优点。

2. 问卷调查法的缺点

问卷调查法的缺点也是非常明显的。它只能获得书面的信息，而不能了解到生动、具体的现实情况。它缺乏弹性，很难进行深入的定性调查。问卷调查，特别是自填式问卷调查，调研者难以了解被调查者是否认真填写、是否自己填写。采用问卷调查法也难以了解被调查者对问题是否了解、是否对回答方式清楚、是否得到指导和说明。被调查对象还会由于某些属于敏感性的问题而回避回答，从而拒答或提供虚假信息。问卷调查法决不能代替各种直接的调查方法。另外，问卷调查法还具有回复率低和有效率低的缺点，调研者对没有回答问题的人进行研究会比较困难。问卷调查法只适用于有一定文字理解表达能力的调查对象，这也是问卷调查法难以克服的局限性。

五、文献调查法

文献调查法也称历史文献法，是指通过收集各种文献资料，选取与研究主题有关的信息资料，并开展研究活动的一种调研方法，是决策咨询型调查研究的一种补充。文献调查法是一种先行的调查方法，一般只能作为调查的先导，而不能作为调查结论的现实依据。

（一）文献的含义

文献是指含有被研究者信息的文字、图像、声频和视频等物质形态的资料。文献包括一切原始资料，有古籍、档案、文件、报刊、年鉴、案卷、专著、辞典、笔记、日记、信函、图形、图片、照片、统计资料以及一切手迹和印刷品，也包括录音、录像、光盘等。历史遗留物也属于文献范畴。任何文献都是对特定社会现象的记载。

文献有三个基本要素：一是必须有一定的信息内容，没有信息内容就不是文献，如白纸就不是文献；二是必须有一定的物质载体，没有物质载体就不是文献，如人们口头传递的信息；三是通过一定的方式进行记录，如古籍等。有一定的信息内容，也有一定的物质载体，但是没有一定的记录方式，也不是文献。

文献的内涵和外延随着时代的发展而不断地发展变化。发展到近代时人们把具有历史价值的图书、文物资料称作文献。而如今，文献的范围已经逐步扩大，是指含有被研究者信息的文字、图像、声频和视频等物质形态。

（二）文献调查法的特点

1. 研究不受时间、空间的限制

使用文献调查法，调研者可以研究那些受地域或时代限制而无法接近的研究对象。利用文献研究法可以不用亲临现场，且不受时空所限，调研者可以灵活地安排时间。

2. 具有客观性

使用文献调研法，调研者可以不受被研究对象的干扰。使用文献调查法进行研究的调研者，由于不参与到真正的实践中，因此也就不受他人的影响，看问题也就较为客观，分析问题会更加全面一些。

3. 运用较为广泛

任何调查研究前期课题的选择、确定和方案的设计，都必须先从文献调查研究着手，从而使调查目的更为明确和更有意义，使调查内容更加系统、全面和新颖。即使进入了具体调查的阶段，也仍然需要进行文献调查。利用此方法可以汇聚其他方法难以收集到的资料。在使用其他方法进行调查研究的过程中，以及在调查研究后期对收集的资料进行整理、分析和撰写调查报告时，也常常需要利用文献中的内容，提供所需的佐证和补充。此外，有些调查研究由于人、财、物或某些客观条件的限制，而只能以文献调查法作为基本的收集资料的手段和方式。

4. 具有间接性

文献调查法是对已经形成的文献进行研究，而不是直接对现有的活动进行调查研究，所得到的结论具有间接性。

5. 信息容量大、费用低

采用文献调查法进行研究，信息的使用将不受限制，调研者所收集到的文献资料都可以作为研究的对象。文献调查法以前以人工操作为主，20世纪50年代以后，随着计算机的广泛使用，调研者开始使用电子计算机等现代技术和设备处理、储存和利用文献，从而极大地提高了文献调查的速度和效率，降低了文献研究的成本。

6. 稳定性

文献调查法是一种"历史"的研究，历史是已经发生的史事，文献也是已经形成的资料，这些特点使文献研究具有稳定性的特点。

（三）文献调查法的作用

文献调查法与其他调查研究方法相比，调研者在调查研究时可以进行时间和空间上的跨越。特别是在进行历史性和趋势性研究上，文献调查法具有独特的功能。

文献研究具有纵向剖析的功能。利用历史资料对历史上的人物、事件以及活动进行调查研究，时间跨度不受限制，可以是几年，也可以是几十年，甚至是上千年。

文献研究具有横向比较的功能。通过横截面的数据，可以进行空间跨度较大的研究，如可以研究一个地区的多个单位，也可以研究各省、各市、各地区，甚至还可以对世界上的各个国家进行研究。

六、实验调查法

实验调查法也称试验调查法，是指经过特殊的安排，适当地控制某些条件，使一定的社会现象发生，从而提示其产生原因或规律的一种方法。实验调查的目的则是探索社会现象之间的因果关系，认识调查对象的本质及其发展规律。

（一）实验调查法的特点

实验调查法的最大特点是它具有实践性。实地观察、口头访问和集体访谈等直接的调查方法，这些都不包括改变调查对象所处社会环境的问题。实验调查法则不同，它不仅要眼看、口问、耳听，而且要亲自动手去做，即通过某种实践活动有计划地改变实验对象所处的社会环境，并在这种实践活动的基础上对实验对象的本质及其变化发展的规律进行调查研究。这说明实践性是实验调查的本质特点，没有一定的实践活动，就不能称为实验调查。

调查对象具有动态性是实验调查法的另一重要特点。在实地观察、口头访问和集体访谈的过程中，调查对象一般都处于相对静止的状态。实验调查法则不同，由于实践活动在不断进行，社会环境不断发生变化，实验对象自身也必然会发生不断的运动和变化。也就是说，实验调查的实践性决定了实验对象具有动态性。

实验调查法还具有综合性的特点。在实验调查的过程中，除了要进行改变社会环境的实践活动外，一般都要采用实地观察、口头访问和集体访谈等直接调查方法，有时还要采用文献调查、问卷调查等间接调查方法。不仅如此，在实验调查的过程中，调研者不仅要不断地收集材料，还要不断研究材料，它需要综合使用各种调查方法和研究方法。

（二）实验调查法的作用

实验调查法通常有两个方面的作用：一是可以达到一定的理论目的，即可以验证一定的假设；二是可以达到一定的实践目的，即对新的方针、政策、措施或社会形态的合理性进行检验。

第三节　开展调查研究的基本方法、步骤

习近平总书记深刻指出："调查研究是我们党的传家宝，是做好各项工作的基本功。要在全党大兴调查研究之风，推动全党崇尚实干、力戒空谈、精准发力，让改革发展稳定各项任务落下去，让惠及百姓的各项工作实起来，推动党中央大政方针和决策部署在基层落地生根。"[1] 当前，世界百年未有之大变局加速演进，世界进入新的动荡

---

[1] 中共中央党史和文献研究院、中央"不忘初心、牢记使命"主题教育领导小组办公室编：《习近平关于"不忘初心、牢记使命"论述摘编》，党建读物出版社、中央文献出版社 2019 年版，第 219—220 页。

变革期。我国发展面临的形势严峻复杂，新情况新问题层出不穷。我们要深刻认识在全党大兴调查研究的重要性紧迫性，增强做好调查研究的政治自觉、思想自觉、行动自觉。调查研究是我们深入现场进行考察，探索客观事物的真相、性质和发展规律的活动。重视和加强调查研究，是我们共产党人坚持辩证唯物主义和历史唯物主义的世界观、方法论的必然要求。那么，怎样才能搞好调查研究呢？开展调查研究，分为以下6个步骤。

一、提高认识

各级党委（党组）要通过理论学习中心组学习、读书班等，组织党员、干部深入学习领会习近平总书记关于调查研究的重要论述，学习习近平总书记关于本地区本部门本领域的重要讲话和重要指示批示精神，继承和发扬老一辈革命家深入基层调查研究的优良作风，增强做好调查研究的思想自觉、政治自觉、行动自觉。

中国共产党一路走来，之所以能不断取得伟大胜利，得益于始终坚持调查研究这个优良传统。革命导师马克思和恩格斯都非常注重调查研究。他们通过深入调查研究，了解当时社会状况和工人生存状态，撰写了大量调查研究类的重要文献，为无产阶级革命事业提供了理论指导，如马克思的《摩泽尔记者的辩护》《工人调查表》和恩格斯的《英国工人阶级状况》等。毛泽东是我们党内注重调查研究的典范，在战火纷飞的岁月，仍抽空深入农村调查研究，写下了《寻乌调查》《兴国调查》《长冈乡调查》《才溪乡调查》等调查报告。这些调查报告为探寻正确革命道路发挥了重要作用，可以说毛泽东是当时党内通过大量调查研究、对中国农民和中国社会最为了解的一个人。他因此指出："没有调查，没有发言权。"邓小平十分重视调查研究工作，他指出："中央机关有相当多的干部，搞文字工作的时间要少一点，拿出一些时间到各个战线、各个方面去做调查研究。"① 江泽民强调："坚持做好调查研究这篇文章，是我们的谋事之基、成事之道。"② 胡锦涛指出："加强调查研究，是贯彻解放思想、实事求是的思想路线和党的群众路线的必然要求。"③

新时代，习近平总书记大力弘扬调查研究这一党的优良传统。他指出："当县委书记要走遍全县各村，当地市委书记要走遍各乡镇，当省委书记要走遍各县市区。"④ 在实际工作中，他切实履行了这一传统。党的二十大报告就是在充分调查研究的基础上起草的。党的二十大报告起草过程中，习近平总书记自始至终高度重视、全程领导了报告起草工作，主持召开起草组工作会议，多次主持中央政治局常委会会议、中央政治局会议审议报告稿，对涉及党和国家事业发展的重大理论和实践问题进行讨论研究。正是在中央领导的高度重视下，调查研究这一优良传统在全党继续得到弘扬。

历史和实践充分证明，什么时候全党重视调查研究，党和人民事

---

① 《邓小平文集（一九四九——一九七四年）》下卷，人民出版社 2014 年版，第 79 页。

② 《江泽民文选》第一卷，人民出版社 2006 年版，第 309 页。

③ 《胡锦涛文选》第一卷，人民出版社 2016 年版，第 525 页。

④ 习近平：《做焦裕禄式的县委书记》，中央文献出版社 2015 年版，第 39 页。

业就顺利发展；什么时候轻视或忽视调查研究，党和人民事业就会遭到挫折、遭受损失。新时代的党员干部必须在意识上加以重视，这样才能在实际行动中继续传承与发扬调查研究——我们党创造百年伟业的传家宝这一优良传统和作风。

二、制定方案

各级党委（党组）要围绕调研内容，结合本地区本部门本单位实际，广泛听取各方面意见，研究制定调查研究的具体方案，明确调研的项目课题、方式方法和工作要求等，统筹安排、合理确定调研的时间、地点、人员。党委（党组）主要负责同志要亲自主持制定方案。

现代人的生活节奏越来越快，无论是对领导干部本人，还是对被调研单位来说，调查研究都是艰苦繁重、耗时耗力的工作。如何让调查研究取得事半功倍的效果，这就要求领导干部精心谋划方案。一是要围绕主要问题调研。主要问题在哪里，调查研究就在哪里展开；主要问题越复杂，调查研究就应越深入，既要防止箭离靶心的调研，也不能"高射炮打蚊子"，为一些细枝末节问题兴师动众进行调研。二是合理选取调研对象。合理确定调研对象，就是要注重调查研究的全面性和科学性，防止只见树木，不见森林，力争获取客观全面的"第一手"资料。三是优化方法手段。领导干部要根据在熟练运用常用调查方法的基础上，根据时代发展和实际情况创新调研方法，提高调查研究效能。

三、开展调研

县处级以上领导班子成员每人牵头1个课题开展调研，同时，针对相关领域或工作中最突出的难点问题进行专项调研。要坚持因地制宜，综合运用座谈访谈、随机走访、问卷调查、专家调查、抽样调查、统计分析等方式，充分运用互联网、大数据等现代信息技术开展调查研究，提高科学性和实效性。要深入农村、社区、企业、医院、学校、新经济组织、新社会组织等基层单位，掌握实情、把脉问诊，问计于群众、问计于实践。要转换角色、走进群众，了解群众的烦心事操心事揪心事，发现和查找工作中的差距不足。要结合典型案例，分析问题、剖析原因，举一反三采取改进措施。要加强督查调研，检查工作是否真正落实、问题是否真正解决。

在调研工作中，经常会采取座谈的形式。那么，怎样在调研中组织座谈？一是控制会议规模。一般的座谈会，人数多了不行，少了也不行。根据经验，人数控制在8—10人比较合适。这样每个人可以发言15—20分钟。如果调研课题比较小，人数还可以多一点，但发言的时间要控制在10分钟以内。1941年，毛泽东在《〈农村调查〉的序言和跋》中指出："开调查会每次人不必多，三五个七八个人即够。必须给予时间，必须有调查纲目，还必须自己口问手写，并同到会人展开讨论。因此，没有满腔的热忱，没有眼睛向下的决心，没有求知的渴望，没有放下臭架子、甘当小学生的精神，是一定不能做，也一定做不好的。"① 二是主导座谈进程。现在大家往往按照提供的名单顺序先后发言，这是一种方法。也可以在讲清楚意图和时间要求后，请大家自主发言。座谈过程中，一定要按照调研主题进行提问和引导，不要把调研座谈会开成漫谈会。三是注意做好记录，会议记录要尽量全面，特别是要注意记好插话，这往往是精彩的东西。四是尽量多听少说。

此外，在调研中掌握一些小窍门，有益于调研工作。具体有以下几点：一是进行个别访谈。个别访谈的好处是，访谈者没有心理负担，可以把大家在一起时不好说的内容都说出来，能够谈得深、谈得透。个别访谈的不足是，如果每个人都作个别访谈的话，占用大量时间。二是重视实地察看。到一个地方，除了召开调研座谈会以外，还可以去几个地方看一看。三是及时梳理消化。如果时间允许，最好是白天调研，晚上抽空整理材料、提炼观点，及时把当天的重要收获摘录下来，充实和调整调研报告的提纲。同时，还可以把需要继续了解的问题拉出清单，以便第二天继续提问或者请他们提供材料。这样可以"趁热打铁"，也便于"拾遗补阙"。四是加强团结协作。要加强调研组内部的团结协作。一个调研小组 2—3 人，可以进行分工。带队领导主要是主导调研进程，在开展座谈时主持会议。其他同志主要做好会议记录和收集材料等工作。

---

① 《毛泽东选集》第三卷，人民出版社 1991 年版，第 790 页。

四、深化研究

　　全面梳理汇总调研情况，运用习近平新时代中国特色社会主义思想的世界观、方法论和贯穿其中的立场观点方法，进行深入分析、充分论证和科学决策。特别是对那些具有普遍性和制度性的问题、涉及改革发展稳定的深层次关键性问题，以及难题积案和顽瘴痼疾等，要研究透彻、找准根源和症结。在此基础上，领导班子要交流调研情况，研究对策措施，形成解决问题、促进工作的思路办法和政策举措，确保每个问题都有务实管用的破解之策。

　　"三分调查，七分研究。"调查的是问题的真相，研究的是问题的本质。调查研究只有由表及里，重视调查，更重视分析研究，透过纷繁复杂的现象抓住事物的本质，找出它的内在规律，由感性认识上升为理性认识，才能从根本上保证党的路线方针政策和各项决策的正确制定与贯彻执行。要把大量的零碎的材料去粗取精、去伪存真，对调查出来的问题进行梳理分类，分清共性问题和个性问题、主要问题和次要问题、全局问题和局部问题、反复性问题和偶然性问题等，在此基础上，具体问题具体分析。同时，要采取多种思维方式研究问题，提高战略思维、历史思维、辩证思维、创新思维、底线思维能力。

　　未经加工的材料只是"原煤"，材料必须经过一定的"洗选加工"，成为"精煤"，才能作为调研报告的佐证。分析材料的方法大致可分为定量和定性两类，这两者有很多不同的特点，但最大的区别在于所回答问题的范畴不同。定量方法更多地用于描述总体的分布、结构、趋势及特征，以及揭示变量之间的相关关系、验证已有的理论假设等；而定性方法则更多地用于揭示现象变化过程、现象内在联系、调研对象的主观认知，诠释行为意义，解释变量之间的因果联系等。调查研究之所以存在定量和定性两种不同的方法，是因为现实的复杂性，需要不同的方法给予恰当的回答。

当前，很多年轻干部偏好定量方法中的问卷调查法，认为这种方法得到的数据更翔实、反映的情况更全面。问卷调查法固然有其优势，但也要看到，问卷调查假设"每个人的信息都是等量的"，忽视了不同人的信息之间的差异。问卷抽样再合理，充其量也只是调查到某个等量的信息在人群中的分布状态，仍无法增加信息的总量与多样化以及丰富性，且问卷调查往往过分依赖数据，能否真正找出问题，或者说找出来的问题是否真实，都有待进一步检验。其实，对于同质性较高的样本，用问卷调查法效果较好，而对于异质性较高的样本，问卷调查法则不太适用。对于中国广袤的地域和复杂的国情而言，最行之有效的方法应数"解剖麻雀法"。

"解剖麻雀法"是革命战争年代我们党独创的简便易行又效果显著的办法，后来成为党在调查研究方面的优良传统和作风。从调研类型上看，"解剖麻雀法"是一种典型调查法。所谓典型调查，就是从有关范围内所有的对象中选择有代表性的案例进行调查，通过调查具有代表性的事物，即可推知同类事物的情形。马克思主义认识论告诉我们，人们对客观事物的认识，都是从个别到一般，再由一般到个别，"共性寓于个性之中"。集中一定的时间，蹲下去，通过对典型的解剖，以小见大、以点带面，从中得出规律性的认识。"解剖麻雀法"的优点是调查对象集中、调查时间短、调查内容紧凑周密、反映情况快、节省人力物力。若在"解剖麻雀"中结合明察暗访、"四不两直"（不发通知、不打招呼、不听汇报、不用陪同接待，直奔基层、直插现场）等形式，则感知会更加鲜活、体验更为深刻。

在"解剖麻雀"的过程中，从典型个案到发现规律之间的"惊人一跃"，需要理论的助力。理论是一套认识和理解的框架，没有理论，调查研究得出的结论就是经验主义的。理论是无数现实经验的抽象和总结，是高度凝练的"前车之鉴"。一方面，理论可以指导调研者去收集特定的事实，当不同的调研者用不同的理论作指导去作调查研究时，他们所看到的"事实"是不同的。另一方面，理论可以给调研者提供更多的思考维度，不同理论知识的分析框架可以把从个案中得到的具体结论引向更深的机制反思和更广的模式借鉴。年轻干部应多储备一些理论知识，虽然在某项具体调查研究中，不一定所有的理论工具都有机会使用，但只要储备充足，就有了可供选择的"武器库"。理论越丰富，就可以选择有竞争力和解释力的框架来对典型个案进行归纳总结，从而得出更具穿透力、更接近现象本质的规律。

五、解决问题

对调研中反映和发现的问题，逐一梳理形成问题清单、责任清单、任务清单，逐一列出解决措施、责任单位、责任人和完成时限。对短期能够解决的，立行立改、马上就办。对一时难以解决、需要持续推进的，明确目标，紧盯不放，一抓到底，做到问题不解决不松劲、解决不彻底不放手。

任何调查研究都是围绕问题展开的，通过调查研究发现问题、研究问题和解决问题，把握事物的本质和规律。没有鲜明的问题导向，调查研究就失去了"靶心"。没有"靶心"，调查就变成了一个信息之"筐"，什么都能往里装。信息虽然又多又全，但让人漫无头绪；研究则变成了一根线索之"针"，什么都能从"眼"中穿。线索虽然看起来都相关，但看不清本质。《方案》明确提出，"在全党大兴调查研究，要紧紧围绕全面贯彻落实党的二十大精神、推动高质量发展，直奔问题去，实行问题大梳理、难题大排查，着力打通贯彻执行中的堵点淤点难点"。直奔问题去，敢于正视问题、善于发现问题，以解决问题为根本目的，才能把情况摸清、把问题找准，不断提出真正解决问题的新思路新办法。

调查研究，包括调查与研究两个环节。应当看到，从目前领导干部开展调查研究的实际情况看，有调查不够的问题，也有研究不够的问题，而后一个问题可能更突出。有的同志只调查不研究，装了一兜子材料，回来汇报一下写个报告就了事；有的同志满足于调查浮在面上，不掌握真实情况，分析问题不到位，最终提不出有价值的对策建议。这种调查多、研究少，情况多、分析少，不解决问题的调查研究，是事倍功半的。

当前，我国发展面临新的战略机遇、新的战略任务、新的战略阶段、新的战略要求、新的战略环境。世界百年未有之大变局加速演进，不确定、难预料因素增多，国内改革发展稳定面临不少深层次矛盾躲不开、绕不过，各种风险挑战、困难问题比以往更加严峻复杂。越是风险挑战大、问题困难多的时候，越需要我们把调查研究做深做实，聚焦实践遇到的新问题、改革发展稳定存在的深层次问题、人民群众急难愁盼问题、国际变局中的重大问题、党的建设面临的突出问题，研究透彻、找准根源和症结。

衡量调查研究搞得好不好，不在于规模、形式、花样，关键要看调研成果的运用，看能不能真正解决问题，也就是看效果。"效"，就是提出解决问题的办法要切实可行，制定的政策措施要有较强的可操作性，做到出实招、见实效。习近平总书记强调："对经过充分研究、比较成熟的调研成果，要及时上升为决策部署，转化为具体措施；对尚未研究透彻的调研成果，要更深入地听取意见，完善后再付诸实施；对已经形成举措、落实落地的，要及时跟踪评估，视情况调整优化。"只有这样，才能真正使调研功夫下到察实情、出实招、办实事、求实效上，才能从根本上解决问题。

六、督查回访

各级党委（党组）要建立调研成果转化运用清单，加强对调研课题完成情况、问题解决情况的督查督办和跟踪问效；领导干部要定期对调研对象和解决问题等事项进行回访，注意发现和解决新的问题。

调查研究以解决问题为根本目的，归根到底要不断提出真正解决问题的新思路新办法。调查研究中存在一种不良倾向，即重过程轻结果、对策多实效少，脱离了解决问题这个根本目的。在实践中，这种"成果秀"有的表现为调研成果一大片、成效看不见；有的调研报告只重视能否"受关注""得批示"，忽视贯彻落实。调查研究不能坐而论道、"光开花不结果"，关键要把调查研究的所知所得体现于工作、付之于实践。力戒"成果秀"，注重一体发力、链条推动、末端问效，系统分析调研牵涉的各个方面、问题形成的各个因素、工作链路的各个卡点，对研究成熟的调研成果，及时上升为决策部署、转化为具体措施；对尚未研究透彻的，更深入地听取意见，完善后再付诸实施；对已经形成举措、落实落地的，及时跟踪评估，视情况调整优化。同时，建立调研成果转化运用清单，加强对调研课题完成情况、问题解决情况的督查督办和跟踪问效，定期对调研对象和解决问题等事项进行回访，注意发现和解决新的问题，切实把调查研究的"问题清单"变成工作实绩的"成效清单"。

调查研究的目的是解决问题，千万不能搞形式主义，要真正把功夫下到察实情、出实招、办实事、求实效上，实现调研和工作两相宜。首先，要明确目标任务。对调研中反映和发现的问题进行认真梳理、列出问题清单、责任清单、任务清单，制定解决措施、落实责任，确定完成时限。其次，要加快工作落实。对短期能够解决的问题，进行立行立改、快办快结。对于需要多部门协作或多领域合作才能解决的问题，进行分工分责，制定路线图、时间表、任务书，推动问题尽快解决。最后，要注重督查回访。形成调研报告和调研成果转化运用清单，定期回访，把"阅卷权"交给调研对象，交给人民群众，让群众给调研成果"打分""评级"，真正实现通过调查研究解决实际问题的目的。

第四节　全党大兴调查研究的工作要求

当前，全党上下调查研究的氛围日益浓厚，广大党员干部积极开展调查研究，取得了很多既有理论价值又有实践意义的调研成果。但也有少数党员干部对调查研究工作不以为然，甚至采取敷衍塞责的态度应付了事；有的在调查研究中搞形式主义、官僚主义，走过场、华而不实，"身入而心不至"，无法发现真正存在的问题；有的不大愿意或不大会调查研究，只按规定路线走马观花，看精心准备的样板；有的嫌麻烦、图省事，满足于看照本宣科的汇报材料，以"纸对纸"取代"面对面"；等等。这些有调查不深入、有研究无方案、有调研无效果的伪调查研究，非但不能发现问题、解决问题，反而会增加决策失误的风险。为此，党中央决定，在全党大兴调查研究，并提出以下工作要求。

一、加强组织领导

各级党委（党组）要高度重视调查研究工作，作出专门部署，科学精准做好方案设计、过程实施、监督问效等各个环节工作。党委（党组）主要负责同志负总责，抓好本地区本部门本单位调查研究的推进落实；班子其他成员各负其责，抓好分管领域和分管单位的调查研究工作。领导干部要带头开展调查研究，改进调研方法，以上率下、作出示范。

　　坚强的组织领导，是搞好调查研究的前提和保证。开展调查研究必须提高思想认识和政治站位，切实加强组织领导，注重增强实际效果，高标准高质量完成调查研究工作。开展任何一项工作，首先看态度，关键看组织，最终看效果。开展调查研究，是党中央作出的重要决策。越是任务重大，越要加强组织领导。领导干部要以身作则，率先垂范。领导干部要带头调查研究，拿出一定时间深入基层，特别是主要负责人要亲自主持重大课题的调研，拿出对工作全局有重要指导作用的调研报告。各级党委（党组）要承担主体责任，主要领导首先把自己摆进去，亲自组织亲自抓，坚持带头学、带头干。要加强统筹指导，严格落实党中央明确的规定动作和要求，搞好与主题教育、年度大项任务等结合融合，力戒形式主义、官僚主义，防止给基层增加负担。

　　一分部署、九分落实。坚强有力的组织领导，是各项工作落到实处、取得实效的关键和保证。在进一步改进作风狠抓落实工作中，各级党委（党组）要加强组织领导、压紧压实责任，确保改进作风狠抓落实工作取得实实在在的成效。各级党委（党组）要主动适应新时代新征程新要求，进一步增强责任感和紧迫感，引导督促各地各部门和广大党员干部担负起责任，持之以恒、与时俱进开展调查研究工作。坚持党的领导，是我们战胜风险挑战、不断开创事业发展新局面的根本保障，也是落实调查研究的根本保证。各级党委（党组）要提高思想认识，强化政治担当，牢固树立"一盘棋"思想，全面贯彻落实中央决策部署要求，进一步明确责任、细化措施、创新方法，坚持不懈地将调查研究贯彻落实下去，推动落实更加有力、更加有效。干事创业就要有好的作风，特别是领导干部作风要过硬。一个地区一个部门作风好不好，抓落实力度大不大，"一把手"至关重要。党委（党组）书记是第一责任人，要率先垂范、以身作则，在调查研究落实上树形象、严标尺、亮本色，带头做好示范，带头查摆整改，切实把调查研究落实工作放在心上、扛在肩上、抓在手上、落实在行动上。

充分调动各方面积极性，形成全局工作强大合力，是认识问题、分析问题、解决问题的有效"钥匙"，更是进一步贯彻落实调查研究工作的重要方法论。上下各级要共下"一盘棋"，既各司其职、各负其责，又和衷共济、齐心协力，形成上下一条心、聚力抓落实的良好氛围。要切实履行职能职责，定期分析研判工作进展情况，及时处理工作中的重大问题，有计划分步骤推进工作。要发挥党员干部主体作用，把调查研究工作落实到日常工作的各方面全过程，切实做到人人都有责任。

二、严明工作纪律

调查研究要严格执行中央八项规定及其实施细则，轻车简从，厉行节约，不搞层层陪同。要采取"四不两直"方式，多到困难多、群众意见集中、工作打不开局面的地方和单位开展调研，防止"嫌贫爱富"式调研。要加强调研统筹，避免扎堆调研、多头调研、重复调研，不增加基层负担。要力戒形式主义、官僚主义，不搞作秀式、盆景式和蜻蜓点水式调研，防止走过场、不深入。要在调查的基础上深化研究，防止调查多研究少、情况多分析少，提出的对策建议不解决实际问题。对违反作风建设要求和廉洁自律规定的，要依规依纪严肃问责。

我们党是用革命理想和铁的纪律组织起来的马克思主义政党，纪律严明是我们党的优良传统，也是我们党的力量所在。党的十八大以来，全面从严治党的一个重要方面，就是深化了对纪律建设重要性的认识，把加强纪律建设作为全面从严治党的治本之策，摆在更加突出的位置。

习近平总书记对调查研究中的一些不正确现象进行了入木三分的刻画，对一些不正确做法多次提出了严肃批评。他指出："调查研究千万不能搞形式主义，不能搞浮光掠影、人到心不到的'蜻蜓点水'式调研，不能搞做指示多、虚心求教少的'钦差'式调研，不能搞调研自主性差、丧失主动权的'被调研'，不能搞到工作成绩突出的地方调研多、到情况复杂和矛盾突出的地方调研少的'嫌贫爱富'式调研。"① 要防止为调研而调研，防止搞"出发一车子、开会一屋子、发言念稿子"式的调研，防止扎堆调研、作秀式调研。

必须把整治形式主义、官僚主义摆在突出位置来抓，以良好作风推动全党大兴调查研究之风。党员干部要把更多的心思倾注在调查研究中，用更多的时间蹲在基层、深入一线，用更多的精力了解民情、掌握实情，搞清楚问题是什么、症结在哪里，拿出破解难题的实招、硬招。

---

① 习近平：《推进党的建设新的伟大工程要一以贯之》，《求是》2019 年第 19 期。

三、坚持统筹推进

对表现在基层、根子在上面的问题，对涉及多个地区或部门单位的问题，要上下协同、整体推动解决。统筹当前和长远，发现总结调查研究的有效做法和成功经验，完善调查研究的长效机制，使调查研究成为党员干部的经常性工作，在全党蔚然成风、产生实效。

统筹能力是党员干部必备本领。统筹不仅是重要的思想方法，也是重要的工作方法。对于党员干部来说，上面千条线、下面一根针，一定要学会"穿针引线"，懂得分清主次，合理分工，统筹兼顾，把问题分出轻重缓急，否则就会手忙脚乱，顾此失彼。具备统筹意识和能力是对党员干部的基本要求。党员干部是工作上的总指挥，处于协调各方、承上启下的重要位置，担负的工作具有全面性和复杂性，要不断提高统筹能力，站位高远、视野宽广，对各项工作做到统筹兼顾、统一筹划和精心谋划，不断提高攻坚克难、化解矛盾、驾驭复杂局面的能力，切实增强推动工作的科学性、预见性、主动性和创造性，着力推动高质量发展。

在实践中提升统筹能力。党员干部应结合工作环境与需要，从以下方面锻炼与提升统筹能力。第一，要纵观全局，培养"一盘棋"的整体思维。做到纵观全局，要对所在区域的资源、禀赋、优势和短板有一个整体的了解与把握，对本地区本单位本部门的发展目标、各个因素在实现这一总目标中的作用及其相互关系有一个全面的了解与把握。对各项工作任务要做到科学统筹谋划、合理安排。在部署工作任务前要先汇总，对内容相近的工作任务要进行"同类合并"。要炼就"十个指头弹钢琴"的本领，在完成各项工作任务时，根据工作任务的内容性质，分解成若干个具体任务，分清楚轻重缓急，分别派发到具体部门和具体人，形成"一盘棋"，各负其责，各显其能。第二，要驾驭全局，在解决矛盾和问题中提高统筹能力。所谓的矛盾和问题，就是制约区域、部门发展的因素和各项工作中存在的弱项与短板。当矛盾和问题呈现时，为避免陷入手忙脚乱、顾此失彼的境地，就需要透过现象看本质，抓住主要矛盾和关键点，着力增强工作的系统性、整体性和协同性。既要抓大放小，又要抓小防大；既要解决紧急的事，又要兼顾重要的事；既要处理眼前的矛盾，又要未雨绸缪、防微杜渐。要在增强工作的预见性和有效性方面下功夫，在化解矛盾和解决问题中提高统筹能力。第三，要兼顾全局，在动态平衡中提高统筹能力。要在把情况搞清楚的基础上，统筹兼顾、综合平衡，突出重点、带动全局。动态平衡并不是左顾右盼、举棋不定，而是强调在决策或执行时要重视左右协调，内外统一，不走极端。

四、加大宣传力度

充分利用党报、党刊、电视台、广播电台、网络传播平台等，采取多种多样的宣传形式和手段，大力宣传大兴调查研究的重要意义和各地区各部门各单位大兴调查研究的具体举措、实际成效，凝聚起大兴调查研究的共识和力量，营造浓厚氛围。

广大新闻工作者要深入学习领会习近平总书记关于调查研究的重

要论述，学习习近平总书记关于新闻舆论工作的重要讲话精神，继承和发扬老一辈革命家深入基层调查研究的优良作风，增强做好调查研究的思想自觉、政治自觉、行动自觉。要坚持党的群众路线，从群众中来、到群众中去，多到困难多、群众意见集中、工作打不开局面的地方开展调研，增进同人民群众的感情，真诚倾听群众呼声、真实反映群众愿望、真情关心群众疾苦，自觉向群众学习、向实践学习，从人民的创造性实践中获得正确认识，把党的正确主张变为群众的自觉行动。要坚持问题导向，增强问题意识，从客观实际出发，决不能满足于跑机关、参会议、找领导，观现场、看展板、听汇报、拿材料，而应少陪会、走出去，选好报道主题，利用新媒体传播技术手段，采取网上问卷调查、网民互动、网上提出问题、实地调研等方法，抓住关键问题，选好典型案例，"解剖麻雀"，深度调研，用事实说话，用大数据分析，真正把问题找准、把情况摸清、把原因析透、把建议提实。要深入基层一线采访，真正"沉"到基层、"钻"进厂矿、"踩"到农田、"睡"在军营、踏入荒山沙漠，问情于群众、问需于群众、问利于群众、问计于群众，与基层同吃同住同劳动。广大新闻工作者要通过自己的所见所闻所感，对搜集的材料进行分析判断、比较概括、归纳整理，去粗取精、去伪存真，由此及彼、由表及里，既写成绩又写不足，既写建议又写措施，把困扰基层的瓶颈问题、重难点问题及其产生原因一并宣传报道出去，给决策者提供第一手参考资料，以便找出问题症结，对症下药。

第五章

提高调查研究能力要处理好
几大关系

习近平同志曾强调："调查研究是一门致力于求真的学问，一种见诸实践的科学，也是一项讲求方法的艺术。"① 要不断提升调研能力和水平，就必须掌握正确的方式方法，并加以灵活运用，才能收到事半功倍之效。具体说来，主要需要处理好 4 大关系，即调查与研究的关系、目标导向与问题导向的关系、普遍与典型的关系、传统方式与现代方式的关系。

第一节　处理好调查与研究的关系

一次完整调研环节包括调研前的准备、调研过程、撰写调研报告、促进成果运用等，简化起来就是对实际情况的调查和对问题本质的研究两个环节。调查是研究的基础，研究是调查的目的，不能调而不研，也不能研而无物。从当前领导干部调研的实际情况看，研究不够的问题更突出，有的到基层调研，带了一大摞材料回来，不分析不研究，

---

① 习近平:《之江新语》，浙江人民出版社 2007 年版，第 166 页。

回来汇报一下写个调研报告就交差。一次成功的调查研究，一名优秀的调研者，无一不是把调查与研究两个环节实现了完美结合。《毛泽东选集》的开篇之作《中国社会各阶级的分析》堪称典范。这篇文章是毛泽东在韶山从事农民运动时作社会调查的成果。他搜集了大量的第一手材料，发现农村贫富悬殊，有雇农、贫农、中农、地主之分，在认真研究这些材料的基础上对中国社会的 5 个不同阶级作了精到分析，搞清了"谁是我们的敌人，谁是我们的朋友"这个中国革命的首要问题。

一、调查与研究的概念界定

调查就是人们对于自己想知道而又不清楚的客观事物，按照马克思主义认识论，通过对事物的考察、交谈、询问、计算、核查等方式获取并掌握第一手材料，了解客观事实真相的一种感性认识活动。研究就是运用马克思主义立场、观点和方法，对所了解到的材料进行科学的分析、审察、归纳和判断以获得对客观事物的正确认识，探索事物的本质和规律，指导人们实践的一种理性认识的活动。调查研究概言之就是人们在实践中以马克思主义理论为指导，通过有目的、有意识地对社会现象的考察、了解和分析，以求认识社会本质及其变化规律的一种自觉活动。调查研究的本质就是人们从感性认识到理性认识的活动，是认识和实践的中间环节。

调查工作的出发点是获得翔实的第一手材料，在这个基础之上，对调查所得到的材料认真进行验证、反复核对，辨别真伪，并进行研究、分析、综合，了解事物的真实情况，探索社会现象的本质及其规律，并寻找探索革命、建设和改革的路径和方法。这是调查活动的根本目的。调查是为研究搜集、甄别材料，研究是对材料的分析、归纳和综合，探求其规律，以便改造和建设客观世界。为此，调查研究工作要以科学的理论为指导，做到周密系统、深入细致，有耐心、有步骤，不可急躁，力求全面、客观、深入地进行分析、归纳和综合，不能偏听偏信。

毛泽东的论著对调查研究有两种提法。一种是"调查研究"，把"调查"和"研究"连在一起提；另一种是"调查"和"研究"，把"调查"和"研究"分开提。把"调查"和"研究"连在一起提是认定和强调调查研究是一个统一的整体；把"调查"和"研究"分开提，则是认定和强调在调查研究的统一体中，"调查"和"研究"所属的认识阶段不同、所达到的目的不同、所起的作用不同、所用的方法不同。把"调查"和"研究"连在一起，往往是做理论的概括；把"调查"和"研究"分开提，则是强调在实际中的运用。

二、调查与研究的关系认识

调查和研究是认识过程的不同阶段和不同侧面，是主观与客观、理论与实践的关系问题，二者是不能截然分开的，在实施调查的整个过程中，始终伴随着研究工作，只是不同阶段侧重点和任务有所不同。调查是深入实际、深入群众，通过各种方法全面地、客观地掌握实际情况，因此，调查是各种材料的收集过程，是重要前提。研究是在调查的基础上，对各方面材料进行辩证的思考，从中找到必然性和规律性的过程，因此，研究是对材料的分析、归纳和综合，形成新的思想的过程，是关键。调查和研究作为两个阶段是不同的，但实际上它们又不可分割地联系在一起，研究贯穿于调查的全过程，调查中有研究、研究中有调查。没有深入调查的研究，就失去了深厚的基础，失去了客观依据，就可能使调研结果失实失真。反之，没有深刻研究的调查就不能把感性认识上升到理性认识，就不能透过现象抓住本质，调查也失去了应有的意义。在调查研究主体没有掌握系统的调查资料之前，研究工作是零星的和初步的，只有通过对全部调查资料全面、深入的研究，才能揭示和把握调查总体的本质属性及其发展变化的客观规律，从而对整个调查结果作出正确的解释和评判。

马克思指出："研究必须充分地占有材料，分析它的各种发展形式，探寻这些形式的内在联系。只有这项工作完成以后，现实的运动才能适当地叙述出来。这点一旦做到，材料的生命一旦观念地反映出来，呈现在我们面前的就好像是一个先验的结构了。"① 列宁也强调："如果从事实的整体上、从它们的联系中去掌握事实，那么，事实不仅是'顽强的东西'，而且是绝对确凿的证据。如果不是从整体上、不是从联系中去掌握事实，如果事实是零碎的和随意挑出来的，那么它们就只能是一种儿戏，或者连儿戏也不如。"② 这些论述告诉我们，只有找到了材料的内在联系，掌握了材料的全部总和，材料才具有生命力。

---

① 《马克思恩格斯选集》第 2 卷，人民出版社 1995 年版，第 111 页。
② 《列宁全集》第 28 卷，人民出版社 2017 年版，第 364 页。

从调查中摄取的感性直观材料，有待于运用一定的逻辑思维方法，找到事物的本质和规律。毛泽东十分重视调查研究的逻辑思维方法，并把它概括为"去粗取精、去伪存真、由此及彼、由表及里"十六字诀。他在《中国革命战争的战略问题》一文中指出："指挥员使用一切可能的和必要的侦察手段，将侦察得来的敌方情况的各种材料加以去粗取精、去伪存真、由此及彼、由表及里的思索，然后将自己方面的情况加上去，研究双方的对比和相互的关系，因而构成判断、定下决心、作出计划——这是军事家在作出每一个战略、战役或战斗的计划之前的一个整个的认识情况的过程。"毛泽东总结的十六字诀包含了两个层面的意思：一是对感性材料进行鉴别和选择，即"去粗取精、去伪存真"，以求获得感性认识。二是对感性材料进行对比和分析，即"由此及彼、由表及里"，以求获得理性认识。这十六字诀是毛泽东对感性材料进行思维加工的根本方法。1937年7月，毛泽东把它写入《实践论》中，这是对思维加工方法的哲学理论升华，也是对调查与研究关系的深刻阐释。

三、警惕调查与研究相脱节

在实际生活中，调查与研究相脱节的现象并不鲜见，或只重视社会调查而不重视理论研究，或只重视理论研究而不重视深入的社会调查，或只记录了大量的、多方面的甚至自相矛盾的情况，而不能用正确的理论观点和科学方法从中理出头绪、作出结论，或只凭主观想象，在面临实际的、具体的、复杂的社会生活时做不到理论联系实际。由此可见，认识上的片面性和社会生活的复杂性，都是导致调查与研究相脱节的重要原因。

从目前领导干部开展调查研究的实际情况看，"有调查不够的问题，也有研究不够的问题，而后一个问题可能更突出。"不少调研只有"前半篇"，没有"后半篇"，变成了只"调"不"研"的"烂尾工程"。有的领导干部不重视调查，走不出办公室、行政楼，满足于看材料、听汇报，关起门来作决策，全凭经验办事；也有的领导干部只调查不研究，下去调研就是为了装一袋子材料，停留在写个报告、做一下汇报的粗浅层面；还有的干脆不听不看、不闻不问，权当没有这回事儿。

从目前领导干部开展调查研究的实际情况看，从浅了说是对调研的实质、作用认识不深、理解不够，往深里说则是对党的群众路线理解存在偏差，甚至是另一种形式的形式主义、官僚主义。领导干部应该明白调查是前提，研究问题、解决问题才是目的，只"调"不"研"，轻的是建议没有可操作性、政策方针效果不佳，重的可能是伤了民心、失了威信、丢了民意，破坏了党和政府在群众心中的形象。因此，调查研究要以调查为基础，以解决问题作为落脚点，"调"以落实，"研"以致用，将二者有机结合。

四、坚持调查与研究相结合

调查研究，顾名思义分为调查和研究两个方面，"调查"如同"听诊器"，能察民情、找问题、明真理，而"研究"如同"处方单"，是透过现象看本质，从问题根源找到解决办法，二者缺一不可。调查研究是一项建立在材料收集基础上，需要经过一番交换、比较、反复的研究，从而得到深刻且系统的认识，探清本质、找到办法的实践性活动，必须处理好调查和研究之间的关系。调查是基础，研究是升华，有了成果之后还要不断调查了解变化发展着的客观实际，在前者的基础上展开更深入的研究，在调查—研究—再调查—再研究的过程中实现认识的螺旋式上升，从而准确把握事物本质和客观规律；通过决策—检验—再调整的手段实现决策的科学化合理化，进一步促使伟大事业稳步前进。然而，要切实做到调查与研究的有机统一并非易事。

首先，要边调查边研究，在一定的研究目的指导下进行调查，把调查过程作为研究过程来看待，从而使调查的成果为研究的目的服务。尽管调查与研究分属认识过程的两个不同阶段，但二者是相辅相成的，应该相伴而行。如果将调查与研究相脱节，必将严重影响调查研究的质量，因此调查与研究必须有机结合起来，在获取材料的同时进行初步的整理分析，理清研究思路，再有针对性地调查搜集材料，如此循环往复于调查研究的全过程。

其次，调查和研究相结合即分析和综合相结合，要全面缜密。对调查材料进行全面、深入的研究过程，就是科学分析和综合研究的过程。调查总体是由若干调查个体组成的，要取得对调查总体的认识，必须从逐个解剖、分析调查个体入手，首先取得对各个调查个体的认识，没有这种解剖、分析，对调查总体的认识只能是笼统的、模糊的、不切实际的。但单靠解剖、分析调查个体，并不能直接得出对调查总体的认识，还需要进行综合，把从解剖、分析调查个体所形成的零散的、感性的认识，概括、抽象为对调查总体的全面的、理性的认识，这个步骤更为重要，因为这才是调查研究的目的。从一定意义上讲，调查研究的过程实质上就是提出问题、分析问题、解决问题的思维过程，分析和综合是这个思维过程中的两个侧面，分析是综合的基础和前提，综合是分析的结果和结论。在充分调查、掌握大量情况的基础上进行透彻分析，是决定调查研究能否出成果及成果质量高低的一个重要环节，同时对分析结果做缜密综合，形成结论性归纳和政策性综述以解决问题，也是非常关键的。调查研究的每一个对象，大至一个国家、省、市，小至一个企业、单位、部门，都是彼此相互联系的，并与周围的环境相互作用、相互影响。综合是建立在分析之上的，但综合不是把分析的结果简单地累计或叠加，而是把组成整体的各个个体之间、各个个体与总体之间以及它们与相关的外部环境之间的全部关系搞清楚，并且在正确思想的指导下，运用科学的方法，推断、揭示出调查总体的内在联系和活动规律，由此才能取得对调查总体的全面而正确的认识。

再次，调查与研究的结合贵在深入细致。调查研究的目的是认识事物和现象的本质与规律，而本质与规律是深藏于事物和现象内部的，只有下一番苦功夫才能把握。从感性认识到理性认识的飞跃，就是透过现象认识本质的过程。在调查中，要本着求深、求细、求准的原则，深入问题所在地和矛盾症结处，溯本求源，真正掌握第一手材料，深刻了解事物的本来面目。调查之后，运用马克思主义的立场观点和方法，吸收运用现代科技成果，学习借鉴国外先进经验和做法，对调查中掌握的第一手材料进行深入、系统、科学的分析，进而获得规律性的认识，引出正确的结论。对综合性、复杂性较强的问题的研究，还要广泛征求各个方面和各个层次的意见。只有这样，才能把问题研究深、研究透，达到解决问题和作出正确决策的目的。因此，无论是深入调查还是潜心研究，都要有细致入微、不得真理不甘心的毅力和追求。

最后，调查与研究相结合通过综合运用类比、演绎、归纳等方法来实现。根据逻辑学的基本原理，运用类比、演绎、归纳等方法，分析和推断事物的性质及其发展变化规律。类比是把调查研究对象与已知或熟悉的同类事物作比较，找出它们之间的相同和相异之处，并以已知或熟悉的事物的某些特性为基准，推断调查研究对象的某些特性。例如，要调查一个企业的经营管理水平，可以拿它与国内同类企业中公认居于先进地位的企业作比较，如果其经营管理方式、方法和实际取得的效果接近或优于先进企业，那么即可推断其经营管理水平是居于全国先进行列的。而且通过比较分析，还可以找到其之所以先进的具体原因。演绎是将人们在实践中总结出来的带有普通意义的结论或划定的普遍适用的基准，应用于对调查资料的分析研究中，以此来推断调查研究对象的某些本质属性。归纳则是通过对若干个别调查对象的资料进行分析，从一个个具体的结论中，总结出带有普遍意义的一般性结论。例如，调查研究某村的经济状况，如果全部或绝大多数农户是富裕的，那么即可归纳出这个村是富裕村的结论。如果这个村所有或绝大多数农户是因为搞多种经营富裕起来的，那么也可以进一步归纳出这个村成为富裕村的主要原因是多种经营搞得好。在《改造我们的学习》中，毛泽东指出在制定正确的策略或政策时运用归纳法的必要性。他强调："马克思、恩格斯、列宁、斯大林教导我们说：

应当从客观存在着的实际事物出发，从其中引出规律，作为我们行动的向导。"

调查与研究相结合的过程是相当复杂的过程，需要调查研究主体根据调查对象和调查目的的不同灵活运用正确的方法。调查和研究任一环节，都要充分发扬民主，鼓励大家发表意见、展开讨论。如果出现对立意见争持不下的情况，不要匆忙下结论，组织大家再次深入实际调查，进一步吃透情况之后再作研究，在大家充分发表意见并逐渐趋向一致的基础上，作出科学的结论，最终达到调查研究的目的。

第二节　处理好目标导向与问题导向的关系

《方案》要求突出问题导向和目标导向，促进广大党员、干部特别是领导干部带头深入调查研究。党的二十大报告指出："我们要增强问题意识，聚焦实践遇到的新问题、改革发展稳定存在的深层次问题、人民群众急难愁盼问题、国际变局中的重大问题、党的建设面临的突出问题，不断提出真正解决问题的新理念新思路新办法。"

调查的主题必须明确集中，也就是要有目标，即有明确要解决的问题。调查若无主题，犹如盲人摸象，得不到有价值的调研成果。开展调查研究必须把目标导向与问题导向结合好。其中，目标导向是管宏观的。在全党大兴调查研究，要紧紧围绕全面贯彻落实党的二十大精神、推动高质量发展，直奔问题去，实行问题大梳理、难题大排查，着力打通贯彻执行中的堵点淤点难点。问题导向是管具体的。要对需要解决的问题"解剖麻雀",从基层的实践中总结规律性认识,寻找解决问题的答案,正如毛泽东所说:"一切结论产生于调查情况的末尾,而不是在它的先头。"

一、调研主题的确定

调查研究要围绕明确的主题。主题是调查研究的灵魂,是合理安排调查研究步骤所围绕的中心,聚焦主题有助于获取有价值的调研结果。首先,调查研究的主题要正确。要坚持科学的指导思想,符合党和国家的方针政策、法律法规,同时也要切实可行。其次,调查研究的主题要集中。要围绕一个主题做重点调查,不要涉猎太多与主题无关的材料,否则会使主题分散,调查研究很难达到预期的效果。一次调查研究不可能解决诸多问题,"毕其功于一役"不可取。最后,调查研究的主题要鲜明。要明确支持什么,赞成什么,反对什么,防止什么等。围绕鲜明主题调查研究,主体容易操作,而且调查研究对象也容易理解,并主动配合。尤其领导干部带着明确的主题搞调查研究,可以掌握调查研究的主动权,避免出现"被调研"现象。不事先打招呼,多做围绕主题的随机性调查研究,才能全面、透彻地了解情况。要防止调查研究形式化,保证动机和结果趋向一致。获取明确的主题,一是要善于从信息反馈中选择。通过政治、经济、文化等方面的信息反馈资料获取相关材料,再经过分析研究,发现其中包含的新情况、新趋势和新问题。从信息反馈中提炼主题,然后围绕主题调查研究,找到适合主题需要的题材,才能达到调查研究动机与结果的一致，推动调查研究工作的深入开展。二是要围绕党的路线、方针、政策选择。抓住中心工作，抓住关键性、苗头性和倾向性的问题，从中提炼调查研究的主题，使调查研究工作达到预定目标。三是要从群众的实践中选择。群众的实践活动蕴藏着巨大的创造性，而调查研究的结果又是为了指导实践活动，因此调查研究的主题理应来自群众的实践。例如，近几年党中央发布的指导农村工作的一号文件，都是在总结群众的实践活动和农村改革中出现的新情况、新问题的基础上制定的，文件主题明确，内容符合农村经济发展规律和农民意愿，成为引导和鼓励农民致富的纲领性文件。当前，一些领导干部下基层调查研究统筹规划不够科学，令出多门，主题繁杂，严重影响了基层正常的工作秩序。改变这种状况需要调查研究基层实际，围绕一定的主题，有区别、有重点、有步骤地帮助基层解决"该解决无法解决、能解决不敢解决、想解决解决不好"的棘手问题，制定具体的措施，提出具体目标、时间表、步骤和方法，如此调查研究才能达到预期目的。

调查研究要有宏观意识、大局意识。目光要高远，视野要开阔，要善于从全局发展的角度提出问题、分析问题和解决问题。调查研究既要按照服务领导、服务基层、服务群众的要求，又要放眼改革、发展、稳定的大局看待问题，探寻规律，并研究得出一系列基本观点和结论。有的党员干部为了迎合领导意图，选择性地提供调查材料，导致上级领导不能全面了解实情，而不能作出正确决策。只有全盘托出调查研究中正反两方面的问题，不受任何干扰，调查研究才有意义，这样的调查研究结果才能经得起推敲。有的党员干部对于了解的情况及存在的问题，故意视而不见，为了个人利益报喜不报忧。还有个别党员干部为了应付上级检查开展浮在表面的调查研究。领导干部下基层调查研究，重在出新点子，解决基层难题，切忌哗众取宠。因此，调查研究需要摒弃不切实际的口号，避免劳民伤财而收效不大的活动，脚踏实地，真抓落实，为人民群众谋利益，为国家发展出谋划策。

衡量调查研究搞得好不好，不是看调查研究的规模有多大、时间有多长，也不是光看调研报告写得怎么样，关键要看调查研究的实效，看调研成果的运用，看能不能把问题解决好。调查研究只有按照先调研后结论的程序，围绕明确的主题，不走过场地进行，经过深入细致的思考，总结出规律性的东西，才能达到解决问题的目的，调查研究的动机和结果才能趋向一致。

二、正确认识调查研究中目标与问题的关系

（一）坚持目标导向

目标是人对某种对象的需要在观念上的反映，是人们在行动之前在观念中为自己设计的要达到的目标。调查研究的目标，就是通过了解情况，制定出正确的策略，解决好实际问题。如果人们调查研究预先抱着一种主观臆想的或者歪曲事实的成见和思想框框，进行调查研究的目的只是替自己的主观想象找"证据"，这样的主观主义方法同科学态度是相对立的，当然不能使人如实地、全面地考察客观事实，但也不能因此而认为在调查研究中不需要抱有任何设想。在科学研究中，假设、假说等都是容许的，在社会调查中，事先的设想同样也是

容许的，并且也是有益的，这和求真务实的原则并不矛盾。预先设想是根据调查研究的需要所绘制的解决问题的蓝图，可以起到打开思路、推进调查研究的作用。科学的设想一定是以事先掌握的事实、资料为依据的，不是一成不变的条条框框。当人们在调查研究中发现这些预先的设想和客观事实不符合时，就应按照实际情况加以改变；当设想被证明是部分正确时，就应抛弃其不正确的部分，并以实践来校正，使之渐趋完善；如果设想经调查和实践检验为正确时，则应加以肯定。事实上，人们认识事物的过程，往往是各种已有的设想经过实践的校正而逐步符合实际趋于完善的过程。由于客观事物的复杂性和发展的多向性，调查研究中的假设可以尽可能多样化。在调查研究过程中，人们通过掌握大量事实肯定一些假设，同时也通过这些事实依据否定其余的假设。这个过程一定要采取科学的思维方法，不能随意拼凑片面性的资料和数据来证实所提出的假设，否则假设就会变成一种主观主义的框框，违背调查研究的初衷。事实证明，调查研究中的假设有助于调查研究主体发挥理论思维的能动作用，打开思路，扩展视野、活跃思想，增强人们突破传统观念束缚的勇气，提出新的理论课题，探索解决问题的全新模式。

调查研究的最终目的，只能是回答和解决社会上的现实问题，既不是走形式的调查研究，也不是为个人偏好和兴趣的调查研究，更不是为了满足一己私利的调查研究。调查研究要深入实际，深入群众，按客观事物的本来面目了解事物，透过事物的现象寻求事物的内部联系和本质，把握其发展的规律性。但实际工作中，调查研究违背求真务实原则的现象屡见不鲜，比如，部分领导干部平时高高在上，极少到基层调查研究，但是为了完成上级规定的调查研究任务，只好勉为其难，调查研究之前大造声势，基层为了迎合上级检查，弄虚作假，有选择性地汇报，结果就是按既定路线听完汇报，形成调研报告交差了事。这种调查研究的弊端在于不能深入实际，只是从现象中随意抓取几点，获得的材料往往是零碎不全的，很难得出正确的结论。再如，不从实际出发，而是从条条框框出发搞调查，按图索骥得来的东西势必与客观事实有出入。有些条条框框本来是好的东西，但是如果与实际割裂开来，条条框框就不能发挥好的作用。如"无农不稳，无工不富"这个提法，无疑是正确的。但如果把"无工不富"当成条条框框，为使农村快速致富，在技术条件远未具备的村庄，硬要在调查研究中找出迅速办工厂的办法，结果是脱离了实际条件，不但工厂办不好，还会引起群众的不满。还有一种情况是一些人在调查研究中喜欢简单地肯定一切或否定一切，从已有经验出发，在调查先进典型时，无视客观事实，任意夸大好的方面，对不好的方面则无限缩小，甚至忽略不提。而在调查错误或问题时，只看到错误和问题的一面，看不到好的一面。要么肯定一切，要么否定一切，不对客观情况进行实事求是的分析，就容易导致认识上的主观性、片面性和表面性。毛泽东曾指出主观主义的思想作风和方法的实质就在于此。只有全面地、深入地反映客观事物的相互关系和内部规律，调查研究才能达到目的。

调查研究的目标是为了制定出正确的策略，解决中国的实际问题。近代中国是个半殖民地半封建国家，社会政治经济文化发展十分落后。如何把这样一个国家引导到建设社会主义的道路上来，是一个非常繁杂而又艰巨特殊的任务。中国共产党从诞生之日起就开始致力于解决这个任务，经过长期的革命实践探索，以毛泽东同志为主要代表的中国共产党人终于解决了这个难题，这就是必须将马克思列宁主义基本真理同中国革命具体实际相结合。要实现这个结合，就必须通过调查研究，了解中国国情，找出中国革命的规律。毛泽东曾指出："中国革命也需要作调查研究工作，首先就要了解中国是个什么东西（中国的过去、现在及将来）。""共产党的正确而不动摇的斗争策略，决不是少数人坐在房子里能够产生的，它是要在群众的斗争过程中才能产生的。这就是说要在实际经验中才能产生。因此，我们需要时时了解社会情况，时时进行实际调查。"① 因此，做调查研究要有明确的目的，是为了解决问题而调查，不是为调查而调查。

（二）坚持问题导向

提高调查研究能力，要有问题导向。领导干部搞调查研究，要带着问题下去，尽力掌握调查研究活动的主动权。强化问题导向，首要的是把握时代发展脉搏，抓住前沿性、全局性、长远性的大问题；紧扣地方发展需要，关注思考最多、抓得最紧、群众最关切的现实问题，在对问题进行系统凝练的基础上，深入基层、深入一线开展有针对性的调查研究。在深入群众之时，要问需于民、问计于民，发现群众关注的热点、难点、痛点和堵点，发掘群众最关心、亟待解决的真问题，找到满足群众期求、符合地方实际、顺合中央精神的真举措，确保办法切实可行。

---

① 《毛泽东选集》第一卷，人民出版社 1991 年版，第 378、115 页。

　　问题是时代的声音，"每个时代总有属于它自己的问题"，而"调查研究的根本目的是解决问题"。只有坚持问题导向，才能通过调查研究敏锐地发现问题、清醒地正视问题、自觉地解决问题。问题无处不在、无时不有，关键在于拥有善于发现问题的敏锐洞察力和敢于正视问题的态度。问题是时代的声音，正如马克思所指出的："问题就是时代的口号，是它表现自己精神状态的最实际的呼声。"① 因为在发展的过程中，必然是伴随着一个又一个问题的出现，发展就是在解决问题中进行的。党的十八大以来，以习近平同志为核心的党中央高举中国特色社会主义伟大旗帜，不断推进中国特色社会主义事业，我国经济社会发展取得了历史性成就。在这一波澜壮阔的历史性变革中，强化问题意识、坚持问题导向是党中央治国理政的鲜明特色。

　　随着中国经济社会的快速发展，利益结构深度交织、产业发展相互渗透、新兴领域层出不穷，这些都不断考验着中国共产党解决问题的能力。习近平总书记适时指出："我们中国共产党人干革命、搞建设、抓改革，从来都是为了解决中国的现实问题。"② 明确指出了中国共产党人的任务和使命。另外，对于面对问题的态度和解决问题的正确方法，习近平总书记强调："围绕这些重大课题，我们强调，要有强烈的问题意识，以重大问题为导向，抓住关键问题进一步研究思考，着力推动解决我国发展面临的一系列突出矛盾和问题。"③

---

① 《马克思恩格斯全集》第 40 卷，人民出版社 1982 年版，第 289—290 页。

② 《习近平谈治国理政》第一卷，外文出版社 2018 年版，第 74 页。

③ 《习近平谈治国理政》第一卷，外文出版社 2018 年版，第 74 页。

牵牛要牵牛鼻子，矛盾的特殊性告诉我们解决问题要抓住事物的主要矛盾和矛盾的主要方面，抓重点和关键，达到事半功倍的效果。习近平总书记十分注重在调查研究中坚持问题导向，狠抓重点。习近平总书记指出：扶贫开发是我们第一个百年奋斗目标的重点工作，是最艰巨的任务。因此，他每到一个地方调研，都会到该地比较贫困的农村进行考察，了解实际情况。

"务农重本，国之大纲。"习近平总书记对农业发展情况格外关心，曾深入到江苏省镇江市世业镇先锋村农业园调查了解现代农业发展情况，也曾到贵州省遵义市枫香镇花茂村考察情况，同当地村民亲切交谈。习近平总书记还曾多次到宁夏调研。早在 1997 年，习近平同志在福建工作时，为了推动闽宁合作，就曾来到宁夏的贫困地区进行考察，结果对当地的贫困状态感到十分震撼。2008 年 4 月，习近平同志第二次来到宁夏，这时的宁夏已经发生了巨大的变化。2016 年 7 月，他第三次来到宁夏和西海固，而且他说还要再到比较艰苦的农村看看。这些都可以看出他对农民深厚的感情、对农村扶贫的信心、对脱贫和全面建成小康社会的决心，体现了习近平总书记强烈的问题意识。

三、调查研究要坚持目标导向与问题导向相结合

通常情况下正确认识事物不是一次能完成的，需要不断地深化和发展。正如毛泽东所说："一个正确的认识，往往需要经过由物质到精神，由精神到物质，即由实践到认识，由认识到实践这样多次的反复，才能

够完成。"① 而这个"多次反复"的中间媒介就是调查研究，就是要坚持目标导向与问题导向相结合不断发展既有的认识，再用发展的新的认识来不断地指导实践，只有这样才能坚持实事求是，按客观规律办事。

人的行为选择，总是由特定动机指导其前进方向，而行为的结果则是主观动机客观化，即目标是否实现和实现的程度。要实现调查研究动机和结果相一致，就必须严格遵循先调研后得出结论的原则，不要"带着结论搞调研"。毛泽东曾指出："一切结论产生于调查情况的末尾，而不是在它的先头。"② "没有调查，就没有发言权。"③ 领导干部下基层，要带着"疑问"，客观求实，而不能带着"定论"，先入为主。要放下成见，对基层进行重新定位，善于用发展的眼光而不是戴着有色眼镜看待基层，一分为二地对待问题。克服调查以点代面、分析浅尝辄止、结论千篇一律的思维定式，切实找出制约基层发展的深层次问题，提高调查研究的质量。主观认识和客观实际的差距以及事物发展的复杂性和不平衡性，决定了人们在实践中可能出现认识的偏差，任何人都不可能做到处处料事如神，不可能完全实现主观与客观的绝对统一，因此必须通过调查研究纠正偏差，纠正与实际不相符合的思想、方法和计划，把结论做在调查研究之后而不是之前。毛泽东早就批评过那种"钦差大臣"式的人物，"下车伊始"就发议论、提意见，这种没有建立在认真调查研究基础上的做法，只能是越纠越偏。先调

---

① 《毛泽东文集》第八卷，人民出版社 1999 年版，第 321 页。

② 《毛泽东选集》第一卷，人民出版社 1991 年版，第 110 页。

③ 《毛泽东文集》第二卷，人民出版社 1993 年版，第 382 页。

研后得出结论是保证决策科学化的重要前提。2011年11月，习近平同志在中央党校秋季学期第二批入学学员开学典礼上的讲话中指出："坚持和完善先调研后决策的重要决策调研论证制度。""对本地区、本部门事关改革发展稳定全局的问题，应坚持做到不调研不决策、先调研后决策。提交讨论的重要决策方案，应该是经过深入调查研究形成的，有的要有不同决策方案作比较。"[1] 凡是国家重要的决策方案，一定是经过多方面深入的调查研究，经过不同决策方案的比较而形成的，尤其是关系到群众切身利益的决策实施之前，一定要采取听证会的调研形式，广泛听取群众意见，才能保证决策措施顺利有效地落实。坚持结论建立在反复、科学论证的基础上，结论必须在调查研究之后产生不只是认识水平问题，而且是党性问题。长此以往，党员干部就会形成先调研后得出结论的思维惯性，重视群众反映的情况和不同意见，党内党外就会形成讲实话的良好氛围，由此党员干部才能在人民群众心目中留下良好形象，党群关系才能密切。

第三节　处理好普遍与典型的关系

调查研究要尽可能多选一些地点，这样才能从整体上把握全貌。但由于调查研究时间、人数等条件所限，调查研究又不可能面面俱到，只能选取具有代表性的个别点。也就是说，要把二者结合起来，做到

---

[1] 习近平：《谈谈调查研究》，《学习时报》2011年11月21日。

既广泛又典型。这方面，习近平总书记已经给我们指出了方向。他多次强调："当县委书记一定要跑遍所有的村，当市委书记一定要跑遍所有的乡镇，当省委书记一定要跑遍所有的县市区。"[①] 这是从普遍意义说的调研。他又指出，领导干部调研"既要到工作局面好和先进的地方去总结经验，又要到困难较多、情况复杂、矛盾尖锐的地方去研究问题，特别是要多到群众意见多的地方去，多到工作做得差的地方去"[②]。这是说的是要选择典型地方。各级领导干部要在调研中慎重选择地点，做到"走马看花"与"下马看花"相结合。

一、关于普遍调查

普遍调查是指对规定范围内的全部对象逐一进行的调查，一般用来搜集调查对象在某一时点上的精确资料。普遍调查的突出优点是可以获得准确、详细、全面的资料，为相关问题的研究提供无可争辩的事实依据。根据普遍调查得到的资料进行研究，可以有效地避免片面性，直接得出具有普遍意义的结论。但由于普遍调查的调查对象面广量大，在实施过程中需要动用大量的人力财力物力，并且需要花费较长的时间才能完成，这在很大程度上限制了它的广泛应用。

普遍调查主要应用于为宏观和重大问题决策服务的、准确度要求较高的调研项目。尽管普遍调查需要耗费较多的人力财力物力，操作

---

① 习近平：《做焦裕禄式的县委书记》，中央文献出版社 2015 年版，第 7 页。

② 习近平：《在党的十九届一中全会上的讲话》，《求是》2018 年第 1 期。

起来很不容易，但是有时候对某些问题的调查非采用此种方式不可。如人口普查，新中国成立后相当一个时期，对人口问题的认识存在片面性，似乎人越多越好，结果导致我国人口增长过快，人口再生产和物质资料再生产的比例严重失调，给国民经济的发展带来了严重的困难，造成了在衣食住行、劳动就业、文化教育等方面不能满足人民群众需要的大量的社会问题，人口质量的提高也受到很大的影响和限制。因此，对人口的增长必须实行有计划的控制和调节，而要研究人口的发展和变化，揭示人口的发展规律，提出适度的人口数量和质量目标，制定相应的人口政策和发展规划，前提是要取得真实可靠的人口资料，人口普查就是取得真实可靠资料的重要方法。全国人口普查取得了全国人口总数、人口地理分布、性别、年龄、民族、文化程度、行业、职业、婚姻状况和妇女生育状况等各方面的资料，并根据这些资料进行交叉比较和演算，取得了大量的数据，对于了解国情、制定人口政策和经济发展政策具有非常重要的意义。已开展了 4 次的全国经济普查全面调查了解了我国第二产业和第三产业的发展规模及布局，我国产业组织、产业结构、产业技术的现状以及各生产要素的构成，进一步查实了服务业、新兴产业和小微企业的发展状况，为加强和改善宏观调控，加快经济结构战略性调整，制定发展规划，提供了科学准确的信息支持。

在全国范围内进行的大规模的普查活动具有重要价值。首先，普遍调查具有范围广、时间长、人员多的特点，可以搜集全面的资料，对调查研究对象形成总体的认识，由此得出的结论必然具有普遍意义。其次，普遍调查可以掌握统计报表不能覆盖的关于国情、国力的重要资料。统计报表虽然可以搜集到全面的、基本的资料，但有些社会经济现象，如企业固定资产状况、人口的增长变化情况等，没必要也不可能组织经常性的全面报表，而国家社会经济管理有时又需要掌握比较详细的资料，只有通过普遍调查的方式来解决。而且定期统计报表一般搜集的是一定时期的社会现象的总量资料，普遍调查是搜集在一定时点上重要的国情、国力资料。最后，普遍调查可以为非普遍调查打下良好基础。由于普遍调查取得的资料比较详细准确，对进一步开展分层分类的典型调查和抽样调查奠定了良好的基础。而且大规模的普遍调查需要各方面积极配合协作，制定出各种详细准确的分类标准或目录，为非普遍调查提供了规范和标准。

但普遍调查在发挥巨大作用的同时，也存在着以下几方面的局限性：首先，普遍调查需要消耗巨大的人力、财力和时间，不能随时进行。例如，1982 年第三次全国人口普查从 1979 年底国务院人口普查领导小组成立算起，到 1985 年 11 月宣布结束，共历时约 6 年。正式参加这次普查的人员有 518 万名普查员、109 万名普查指导员、13 万名编码员、4000 多名计算机录入人员、1000 多名计算机工作人员以及 1000 多万名基层干部的协助。这次普查花费人民币约 4 亿元，另外联合国还赞助了 1560 万美元，而且普查人员的工资、劳务费用还没有计入普查经费之中。可见普遍调查涉及面之广，工作量之大。其次，普遍调查要求高度集中统一，有严密的计划，在一定的时间节点，有具体的方式方法的要求，诸多限制会使普遍调查的结果有一定的局限性。最后，普遍调查只是对调查研究对象进行最基本的描述，无法反映深层的变化和细微的差别。因此，普遍调查只能实现对事物宏观上的了解，需要结合非普遍调查，才可以获取更多深层次、有价值的资料。

二、关于典型调查

由于普遍调查存在一定的局限性，很多情况下只有结合典型调查才能达到调查研究的目的。马克思主义认为，人们对事物的认识是从具体到抽象，由特殊到一般。事物的普遍性是通过特殊性表现出来的，共性是寓于个性之中的，人们只能通过对具体事物的剖析才能认识同类事物的共性，而且人们由具体事物得出的一般性认识，还需要通过其他具体事物加以检验。因此，典型调查不仅成为普遍调查有益的补充，而且对于特定的调查研究主题和对象还会成为主要的调查研究方式。

典型调查是指根据特定的调查研究目的，选择一个或几个具有典型性的代表作为调查研究的对象，从特殊性中推断一般规律性认识。这种科学的调查方式是以辩证唯物主义共性存在于个性之中，一般存在于个别之中为理论依据的，抓住具有代表性的个别事物，作深入细致的调查了解，弄清其发生和发展的过程及原因，通过科学的抽象，把握同类事物的共同本质。典型调查在调查手段相对比较落后的情况下，曾经是人们采用的主要调查方式。即使在调查手段有了较大改进的今天，它也仍然作为一种重要的调查方式得到广泛的应用。典型调查的主要作用体现在以下几个方面。

首先，可以辅助普遍调查的实施。在实施普遍调查之前，先做一些典型调查，可以为设计普查方案提供素材，使普查方案更科学、更合乎实际。在实施普遍调查之后做一些典型调查，可以为研究普查结果提供佐证材料，作为分析研究普查结果的参考，通常进行大规模普查时设置试点就是典型调查的具体体现。

其次，通过典型调查推断总体结论。很多情况下不必要也不可能全部用普遍调查的方式搜集资料，只要总体中的个体间差异很小，每个个体都具有一定的代表性，就完全可以通过典型调查达到目的。典型调查法是毛泽东进行调查研究时常用的一种方法，他倡导的"解剖麻雀法"即为典型调查。"麻雀虽小，五脏俱全。"要了解麻雀的生理构造，不必去解剖所有的麻雀，仔细解剖一只两只就够了。此外，毛泽东还指出："深入解剖一个麻雀，了解一处地方或一个问题。""深切地了解一处地方或一个问题，往后调查别处地方或别个问题，你就容易找到门路。"① 这就意味着，典型调查的方法也不是一劳永逸的，同样需要周密而系统的过程，如此才可能获取准确的结论。寻乌调查就是典型的例子。为搞清寻乌城工商业的现状，毛泽东以货物为切入点，对该城市的组织内容与生活习惯进行了深入解剖，进而准确把握了寻乌工商业的关键信息，并获得了其他县城的基本情况。毛泽东在《关于农村调查》这篇文章中，对如何寻找典型案件进行了研究说明。他认为，调查的典型可以大致分为三种，包括：落后、中间与先进。在此基础上，每种典型选择两个就能够将一般的情形推断出来。新民主主义革命期间，毛泽东撰写了《长冈乡调查》与《才溪乡调查》两篇著名的文章，这两篇文章就是选取了两个先进典型进行调查而得出

① 《毛泽东文集》第八卷，人民出版社 1999 年版，第 260 页。

的结论。1930 年 10 月，毛泽东在兴国典型调查了 8 户农民家庭，根据调查资料，科学地分析总结了我们党进行土地革命的经验，指出了革命根据地的建设方向和前途。

最后，通过典型调查，可以深入探索新生事物的发展方向和规律。普遍调查尽管也可以发现新生事物，但很难做深入的研究。唯有典型调查，可以发现新生事物并做深入细致的调查了解，弄清其发生的背景，分析其发展的方向和规律，扶持和促进其发展壮大。比如，我国农村实行的以家庭承包为主的多种形式的承包经营责任制，就是党和政府不断总结推广群众创造的新鲜经验，逐步发展和完善起来的。最初的责任制形式是包工到组和包产到组，这两种形式有利于改变长期以来的平均主义做法，受到农民普遍欢迎和拥护。中央在调查研究的基础上，肯定了这些新经验和新做法，并加以扶持和推广。1979 年底，全国有一半以上的生产队实行了包工到组，1/4 的生产队实行了包产到组。伴随着包工包产到组，又出现了专业承包联产计酬，这种责任制有利于分工协作、人尽其才，比较适宜在管理水平相对高的地区推行。中央通过调查研究又及时肯定和推广了这种新经验。随后，四川、安徽等地又进一步探索实行了包产到户和包干到户的新形式。这两种形式特别是包干到户责任制，责任更加明确，计算方法更加简便易行，使农民的劳动成果与物质利益直接联系，更能有效地克服分配上的平均主义，激发农民的生产积极性，提高农业生产效率。但刚刚推行这种形式的责任制时也遇到类似"分田单干是倒退"、一部分人怀疑和反对的阻力，党中央及时通过典型调查，不断总结群众实践经验，采取了实事求是、因势利导、逐步推广的正确方针，及时调整有关政策，同时教育广大干部群众不断解放思想，提高认识，明确凡是有利于最大限度地调动生产者的积极性，有利于促进农村生产力发展、增加农民收入的责任制形式，都是可行的，都应给予支持。经过几年的努力，我国农村普遍实行了以家庭联产承包为主的多种形式的承包经营责任制，成为改革之初推动我国农业发展的重要制度保障。

由此可见，典型调查的优点是，便于深入细致地了解情况，规模可大可小，时间可长可短，运用起来灵活方便，可以获取生动具体的资料，需要投入的人力财力物力相对较少。但是典型调查也有明显的不足，由于是从同类事物中抽取个别代表事物进行调查，不可能获得与调查研究主题相关的全部事实资料，因此难以进行定量分析，不能简单地把典型调查的结果直接推论到总体，需要谨慎应用典型调查的结论。

三、调查研究要坚持普遍与典型相结合

作为实践活动的调查研究，决不是一个空洞的概念，而是一个有着自身特点和复杂要求的科学实践过程。事实上，调查的过程中有分析和研究，研究的过程中也需要进一步调查和发现，两个过程相互贯通、相互渗透，互有包含，是一个有机统一的整体。这就需要处理好普遍与典型的关系，做到"走马看花"与"下马看花"紧密结合。1956年9月，毛泽东在会见拉丁美洲一些党的代表时指出："调查有

两种方法，一种是走马看花，一种是下马看花。"①"走马看花"不深入，还必须"下马看花"，细致看花。这是毛泽东在总结自己数十年调查经验的基础上，对社会调查方法作出的精辟论述。

"下马看花"是指根据调研目的需要，深入实际、深入基层、深入群众，对所选择的典型进行深入细致周密系统的调查研究，是典型调查法。正所谓"窥一斑而知全豹"，典型调查的意义在于，通过调查研究找到具有普遍意义和规律性的东西，借以指导和推动全局工作。从理论上看，开展典型调查就是于个性之中发现共性，于特殊性中发现普遍性。典型调查具有如下特点：一是典型调查的对象是有意识选择的，具有代表性；二是调查单位少，调查时间短，调查内容系统周密，了解问题深，反映情况快，节省人力、物力等。

毛泽东一生之中做了许多调查研究，其中许多都是典型调查。他形象地把作典型调查比喻为"解剖麻雀"。在他看来，要了解麻雀的结构，人们不可能把天下所有的麻雀都捕捉来逐个进行解剖实验，其实也不必那样做。只需认真地解剖几只就可以了。毛泽东这种"解剖麻雀"法具有鲜明的当代价值，对于怎样开展典型调查起到了示范作用。从理论上看，典型调查符合唯物辩证法关于矛盾的普遍性和特殊性原理，有着充分的学理支撑。从实践上看，正像毛泽东对寻乌、才溪乡、兴国等地展开的详细考察，费孝通对大瑶山、江村的田野调查。典型调查法具有深入实际、深入基层，到群众中去，直接接触群众的特点，与中国共产党从群众中来、到群众中去的群众路线高度契合、

---

① 《毛泽东文集》第七卷，人民出版社 1999 年版，第 134 页。

内在统一。应当说，无论是从历史看还是从现实实践看，无论是从科学研究看还是从政策制定看，典型调查法都是已经被实践反复证明了的，并被广泛运用的一种科学的调查方法。

"走马看花"是指在调查研究活动中采取只观大略，进行时间紧凑、范围广泛、考察对象较多的一种调查研究，是普遍调查法。从表面看，"走马看花"这种调查研究方法似乎在态度上是敷衍塞责、浅尝辄止、不求甚解；在行动上是浮光掠影、只观大略、不求深入。但是，从字面意义加以推断，即可知道"走马看花"这种调查研究方法有两个关键点需要推敲：一是"马"，说明使用这种调查研究方法要有比较便捷和得力的调研工具或者辅助手段，这是只观大略的前提和基础，有这样的调研工具作支撑，调研实践自然高效起来；二是"花"，说明调研者应有能力能从繁芜丛杂的不同表象中敏锐地发现"花"。"花"自然就是调查研究的主要对象，或者说其中最有价值的资料、信息和数据。基于这种认识，可以看出"走马看花"的调查研究方法不仅不是人们通常认为的那种态度不端正、敷衍了事的调查研究方法，而且是对调研者要求比较高、最能反映调研者前期知识和经验储备以及鉴别分析能力的调查研究方法。它要求调研者要有备而去、带着问题去调研，要有针对性、目的性地去调研。

综上所述，只有开展好典型调查，才能对"走马看花"所获得的大略情况和信息数据进行正确而有效的分析研究。换句话说，只有以"下马看花"的典型调查为基础和前提，才能正确而有效地运用"走马看花"的普遍调研方法。两种调查研究方法各有侧重，互为补充，相辅相成。做好调查研究工作，需要处理好普遍与典型的关系，不仅要有"下马看花"的游刃有余、精致细腻，而且要有"走马看花"的宏阔视野和襟怀气魄。

第四节　处理好传统方式与现代方式的关系

在长期的调查研究实践中，我们已经积累了许多传统的调研方式，比如，召开座谈会、现场考察、剖析典型、蹲点调查、统计调查等，这些都是经过实践检验的好办法，可以更好联系群众，面对面体察民情，是践行党的思想路线、政治路线、群众路线的基本途径，永远不会过时和失灵，更不能丢掉。同时，随着互联网、大数据、人工智能等新技术的发展，新兴的调研方式不断涌现，通过网络可以随时了解社情民意，视频、微博可以实现线上面对面地交流，实现了调研的快捷、精准。现在，不少地方的电子政务、网络理政如火如荼，成效显著，受到干部、群众两方面好评。但是，我们也要看到，一些领导干部在推崇网络问政的便捷时忽略了网络空间的弊端，比如，网络信息的海量性迷惑性失真性，网络上"虚拟"调研缺乏温情、真情等。因此，网络时代的领导干部要整合好传统调研方法与新兴调研方法，不丢传统而且善用现代技术手段，使调研既有效率又有温情。

一、信息时代调查研究的"不变"

无论信息时代社会发展发生了多大变化，为了适应新形势新情况，在拓展调查研究渠道、丰富调查研究手段、创新调查研究方式的过程中，人们所积累的丰富实践经验和有效方法，始终具有普遍的方法论意义，对于认识分析信息时代的新情况、新问题无疑具有重要的指导作用。

（一）会议调查法

会议调查法是针对某一主题，邀请相关情况的人士或有切身利益的群众，一起开会讨论主题的可行性，综合各方面的意见和建议，形成具体的实施方案，这是调查研究经常采用的方法，也是被实践证明效率很高的方法。毛泽东说："我用这个方法得了很大的益处，这是比较什么大学还要高明的学校。"他的几个很著名的调查报告《兴国调查》《长冈乡调查》《才溪乡调查》，就是用这个方法获取材料而写成的。会议调查法的好处是可以节省时间成本，用最短的时间获取大量信息，再加上有针对性地选择各层次的参会人员，可以保证获取的信息全面而可靠。

毛泽东在《反对本本主义》中对如何开好调查会进行详细的阐述，至今仍有借鉴意义。根据实践经验，开好调查会需要把握以下几点：一是要精心选择合适的参会人员。参加调查会的人员应是对所要调查的问题有较深入的了解，有可能提供可靠的事实材料的人，为了最大限度地了解情况，参会人员应尽量覆盖广泛，从专业、年龄、层次、部门等多方面去考虑选择。根据不同的情况，确定调查会的规模大小和人数的多少。每次调查会人数不宜太多，保证参会人员都有充足的时间发表自己的意见和看法，都有机会把问题谈透。如果由于领导在场可能导致参会人员发言有顾虑，调查会也可以分层次召开。二是开会之前将调查的内容提前告诉参加会议的人员，包括调查会的意义和调查主题，让与会者提前做好准备，深入思考问题和搜集必要的材料。三是调查研究主体要善于引导大家积极发言。调查研究主体要用诚恳的态度、轻松的语言创设畅所欲言的氛围，取得与会者的信任，鼓励与会者发表各种不同的观点和自己真实的见解，对于重要的、关键的问题，要引导大家深入展开讨论，不要急于下结论。正如毛泽东所讲的："没有满腔的热忱，没有眼睛向下的决心，没有求知的渴望，没有放下臭架子、甘当小学生的精神，是一定不能做，也一定做不好的。"[①]四是调查研究主体要列出调查提纲，要口问手写，自己做记录。根据调查研究主题，对记录的材料进行详略取舍，而且边问、边记、边思考，有利于及时发现疑点，及时询问，把需要弄清的事实问明白，问确切，不遗漏。会议调查法对于信息时代的调研实践仍具有宝贵的方法论意义。

（二）实地观察法

实地观察法即调查研究主体根据调查研究主题的特征，有计划地借助视觉、听觉等感官直接对调查研究对象进行观察而获得调查资料的方法，是搜集非语言行为资料的首选方法。常言道，"耳听为虚，眼见为实"，"百闻不如一见"，有些事物与现象，确实需要通过亲自到现场观察，才能获取准确认知。即使通过会议调查法和个别访谈法

---

①《毛泽东选集》第三卷，人民出版社 1991 年版，第 790 页。

等已获取大量资料，之后还是有必要再到现场看一看，听一听，以增加更多的感性认识，这样既可以作为对其他方法有效的补充，又可以加深对已经掌握的调查资料的理解，有助于进一步对所调查的事物与现象作出准确的描述。中国共产党人从革命到建设时期搞调查研究都很重视与调查研究对象同吃同住同劳动，在与其建立感情的同时，观察细节，获取资料。实地观察不同的事物，应有不同的着眼点，但通常情况下包括以下几点：一是观察人物。在事物的发生发展过程中人往往是最活跃的因素，起决定性的作用，要观察人物的身份、数量以及相互间的关系等情况。比如观察某国企的管理情况，需要把握职工队伍的构成，职工的数量、年龄、性别、文化程度等基本情况以及领导班子、科室、车间的组成情况等等，这些因素对企业的管理情况会产生重要的影响。二是观察情境。情境对事物的发生或人们的活动有很大的约束力，对此应当特别注意。同样是观察某国企的管理情况，要看企业的地理环境、厂房设备、生产产品等情况，这些因素对企业的管理工作也是重要的制约因素。三是观察行为。即观察人物的各种活动，包括行为的发生、行为的发展趋势、行为的细节、行为的性质及其影响等。继续以观察某国企的管理工作为例，要从其车间、科室工作的现场，观察职工对各项管理制度所持的态度、执行的过程、执行的程度，以及执行的实际效果，这是评价其管理工作的最为可靠的依据。现场观察的结果，最好在当时当地通过录音、录像、笔录等方式记录下来，可以避免由于信息量大导致的记忆错误。如果客观条件不允许记录，也要在观察后及时追记，保证资料详尽完整准确。实地观察法的优势在于亲临现场获取的资料都是实实在在、生动具体的，是完全意义上的第一手资料。但实地观察法也存在不足之处，一方面是获取的资料会掺杂主观因素，另一方面所观察到的通常是表面现象，不够深入，难免片面，有必要综合其他调查研究方法共同得出最后的结论。

从马克思主义发展历史、中国革命历史来看，马克思研究资本主义、毛泽东考察中国社会现实均通过实地观察、剖析典型等调研方式取得了伟大成就。无论时代形势和条件发生怎样的变化，都应当坚持这种用"脚底板"做调查的调查研究方式。

二、信息时代调查研究的"变"

互联网的迅猛发展改变了人们的思想观念和生存状态，给人类的社会生活带来革命性的变化，也对调查研究产生了深远的影响。调研工作本身已经从对现实世界的调研拓展到对网络世界的调研，不再拘泥于传统亲临现场的、面对面的调研，从而大大丰富了调研的内涵。进入信息时代，调查研究不仅有了更为先进的技术支撑，而且也为调查研究提供了全新的研究对象，也开辟了更加广阔的调查研究空间。

信息通信技术的发展和互联网的普及，对调查研究方法产生了深远的影响，自 20 世纪 90 年代以来，以互联网为载体的调查研究方法不断发展，在某些特定情境中，网络调查研究法确实具备一些传统调查研究方法所没有的独特优势，不仅提高了调查研究效率，同时也拓展和深化了传统调查研究方法的应用范围。当前，互联网调研正以其多样化的创新手段开辟了调研工作新天地。充分利用云计算等技术，将不同的数据联合在一起可能分析得出意想不到的信息，洞察到原本看似毫不相干的事物之间的内在关联。

目前应用网络调查研究法，主要采取三种形式：第一种形式是将调查问卷放在互联网主页上，通过网民依据个人兴趣访问互联网主页并浏览完成问卷，这是目前在网络调查研究中被广泛运用的方法。第二种形式是借助电子邮件进行抽样调查，这也是网络调查研究经常使用的方法。对较为复杂、无法用标准化问卷体现的问题进行调查研究时尤其有效。只要问卷设计合理，操作恰当，这种形式的网络调查，不仅问卷回收率较高，而且调查研究主体还可以根据研究需要随时做进一步的深入调查。第三种形式是基于特定软件对互联网用户进行"全景"式的调查。用户下载软件到自己电脑中，根据调查研究主题记录所有的相关数据与行为。

以网络为载体进行调查研究，并结合传统的调查研究方法，优势显而易见。在调研渠道上，互联网技术的发展让在线收集数据信息成为可能，在线调查、网上问卷调查、发送电子邮件、社交工具互动、智能搜索、大数据抓取信息等方式，极大地拓宽了信息收集的渠道，缩短了调研的时长，大大提升了调研的便捷性、经济性和准确性。在调研范围上，互联网调研，可以跨区域、跨群体进行调研，弥补了传统调研只能在特定区域内完成的局限性。在调研时间上，互联网调研可以做到连续、动态调研，大大增强了调研的连续性。

尽管网络调查研究方法越来越多地被调查研究主体采用，但在实践中仍然存在一定的局限性。一方面，通过互联网渠道获得的信息，大都是零散性、碎片化的情况和一些表面的现象，往往是一些感性认识，缺乏必要的调查研究的甄别、加工、改造，尚未形成理性认识。如果就此认为对情况已经有所熟悉和掌握，进而开展工作，不免会造成工作的失误，难以达到求真的目的。另一方面，在互联网条件下，党员干部更容易与群众隔离开来，本来互联网是连接人与人之间的大平台和大桥梁。但是一旦认识和思想发生偏差，这个大平台和大桥梁就会演变为人与人之间的"大沟壑"和"玻璃墙"，有可能成为一些党员、干部不坚持调查研究，脱离群众、脱离实际，滋生官僚主义、主观主义、形式主义的借口与依托。

习近平同志一贯高度重视调查研究工作，注重调查研究方法的时代性、科学性、系统性。他强调，"在运用我们党在长期实践中积累的有效方法的同时，要适应新形势新情况特别是当今社会信息网络化的特点，进一步拓展调研渠道、丰富调研手段、创新调研方式，学习、掌握和运用现代科学技术的调研方法"，"逐步把现代信息技术引入调研领域，提高调研的效率和科学性"。① 因此，在对待网络调查研究方面，既不能采用教条主义的态度，也不能采用实用主义的态度。而应根据时代条件与实践发展，在承续与弘扬传统经典调研方式的基础上，不断丰富和拓展新型调研方式，处理好传统方式与现代方式的关系。

---

① 习近平：《谈谈调查研究》，《学习时报》2011 年 11 月 21 日。

第六章

调查研究资料的分析与运用

对调研得来的大量材料和情况，要进行认真的研究分析，由此及彼、由表及里。只有深入地分析、了解调查研究所得来的资料，才能正确认识社会上产生的问题，才能将调研成果转化为决策部署以及具体的措施。调查研究是做好工作的基本功。表面上看，调查研究很简单、很实用，但它有一个基本的前提，那就是需要有较高的调研能力作为支撑。没有调研能力，就没有办法，就解决不了问题。因此要想提高调研能力，一方面需要提高党员干部自身的调查研究能力，另一方面就是让调查研究成果结出硕果。

第一节　调查研究资料的分析

调研资料经过收集整理以后，就进入了资料的分析阶段。通过对调研资料的分析，揭示事物的本质和内在的发展规律，发现存在的问题，提出解决问题的方法。因此，调查研究的分析阶段是从感性认识到理性认识，再从理性认识回到实践的一个辩证过程。

一、调查研究的分析概述

调查资料的分析是调查研究最重要的环节之一。这一阶段的主要任务是通过理性思维，对调查所得的资料进行系统的分析，对调研资料所反映的社会现象的本质和内部的联系进行深入认识，为决策的科学性提供方案和建议。根据研究课题的不同以及设计和所收集资料性质的差异，分为定量分析和定性分析两种不同的分析方法。

（一）调研分析在调查研究中的作用

调研资料分析阶段是对调查阶段的深化，是从感性认识到理性认识的飞跃。在这一阶段，调查研究中的作用具体有以下几个方面：

第一，调研资料的分析是揭示事物本质特征的根本方法。在调查阶段产生的资料一般都是零散的、非系统的，反映的是事物的表象或一个侧面，是一种感性的认识。它不能反映事物的本质特征和一般规律。通过对调研资料的分析，可以使调研资料更加系统化、条理化，这样才可以对社会现象有一个更加整体的、深入的认识。

第二，调研资料的分析是检验理论假设和发现事物内在联系的基本方法。社会现象复杂多变，要想发现事物之间的内在联系，通常需要根据某些已经验证过的研究假设来收集资料，以此来了解客观事实。因此，在研究阶段，就需要对研究的假设进行检验和论证，并结合所收集到的资料进行分析和讨论，从多方面多角度来了解社会现象。

第三，调研资料的分析是部署政策建议的必由之路。进行调查的最终目的是为了指导实践，"从生动的直观到抽象的思维，并从抽象的思维到实践，这就是认识真理、认识客观实在的辩证途径。"[①] 因此，进行调查尤其是党员干部进行调研都要根据具体情况提出政策建议。只有通过严谨的、科学的分析，才能为决策的提出出谋划策，才能提高决策的科学性、正确性和预见性。

（二）调研资料分析的基本要求

对调研资料的分析，就是一个由表及里、由此及彼、去伪存真的过程。为了发现事物发展的本质和内在规律，找到问题的解决方法，必须掌握以下几个基本要求：

第一，要用科学的世界观和方法论来指导调研资料的分析。要透过错综复杂的现象探其本质，这就需要用科学的世界观和方法论来指导调研资料的分析。坚持科学的世界观和方法论的指导就是要用马克思主义的立场、观点、方法去分析问题，解决问题；就是要坚持用发展的观点来认识、理解事物；就是要坚持用整体的、联系的观点认识、了解社会现象的本质以及事物之间的联系，从总体上把握发展的脉络。只有如此，才能真正做到对调研资料的科学把握，才能真正理解调研中的问题。

第二，资料要全面准确。真实、准确是材料发挥作用的内在价值。如果材料虚假，那么根据这个材料所得出的结论和决策，肯定也是错

---

① 列宁:《哲学笔记》，人民出版社 1993 年版，第 142 页。

误的。因此，材料的准确真实是对调研资料进行分析的前提条件。要想做到这一点，必须在调查阶段就认真筛选，控制好调研过程的每一环节，防止疏漏的发生。此外，在分析研究之前，还需要对材料作进一步的鉴别和筛选，即对资料进行全面审核，去伪存真，把那些与主题无关的材料筛掉，使最后所得的材料更加集中，更加精练。

第三，要运用科学的思维方法和现代分析技术。有了科学的世界观和方法论的指导，还必须掌握科学的思维方法和现代分析技术，利用科学的思维方法和现代分析技术更有利于了解感性认识与理性认识之间的关系，通过科学的分析、推理和判断，从而达到对社会现象内在发展规律的认识。[①]

（三）调查研究分析的基本方法

在调查研究的分析阶段，根据研究课题的不同和所收集资料性质的差异，可以采用定量分析和定性分析两种不同的分析方法。定量的分析主要就是统计分析。根据统计学的原理和方法来研究社会现象的数量关系，揭示事物的发展规模、水平和结构，说明事物的发展方向和速度等。定性分析则是运用各种思维方法对调研资料进行系统化的理性分析并作出结论。其主要任务是：进一步明确概念的内涵和外延；对原来调查资料的分类以及所使用的概念、变量间关系作进一步的分析、确认；根据整理后的调查资料，从定性角度对原定的研究假设和

---

① 参见丁恒龙:《现代领导调研实务》，中共中央党校出版社 2003 年版，第89 页。

理论建构证实或证伪，或提出新的理论观点。

　　需要明确的是，定量分析与定性分析往往需要结合起来运用。定量分析为进一步的思维加工提供了准确、系统的数据支持，而定性分析则贯穿于定量分析的整个过程，从变量的选择到结果的解释，定性分析为更加完整地把握社会事实、更加深入了解社会现象的具体过程提供了重要的方法。

二、定性研究分析

　　定性分析是通过对调研资料的归纳、分类、比较、因果分析，来探寻社会现象的性质和特征。它主要依靠科学的思维方法来分析社会行动的深层动机，抓住事物的本质特征。相对于定量分析来说，它在某种程度上更依赖于研究者本身对于科学的思维方法的掌握。

（一）比较法

　　定性分析的方法有很多种，其中比较法是最基本的分析方法，也是在调查研究中最为常用的分析方法。它的主要作用是区分不同的事物、概括事物的相同点和不同点、建立抽象概念或一般类型。

　　比较分析法又称为指标对比分析法，是将有关的指标进行对比来反映事物数量上的差异和变化的方法。单独地看一些指标，只能说明总体的某些数量上的特征，得不出结论性的认识。有了比较后才有鉴别。如与历史的数据进行比较，与外国、外地、外单位进行比较，与计划要求进行比较，就可以对规模大小、水平高低、速度快慢等要素作出判断和评价。所以比较分析法是统计分析中最为常用的方法。

1. 比较分析法的种类

根据不同的标准，我们可以把比较分析法分成以下几类。

（1）按比较的范围，可以分为宏观比较和微观比较。

我们认识一个事物，既可以从宏观上认识，也可以从微观上认识。从宏观上理解事物的本质，对事物的异同点或基本规律进行比较，就是宏观比较。从微观上理解事物的本质，对事物的异同点或基本规律进行比较，就是微观比较。

（2）按所设立的目标，可分成求同比较和求异比较。

求同比较是查询不同事物的共同点来了解事物发展的共同规律；求异比较是通过比较两个事物的不同特性来说明两个事物之间的不同，以找到事物发生发展的特殊性。通过对事物的"求同""求异"进行分析比较，可以使我们更好地认识事物发展的多样性与统一性。

（3）按属性的数量，可分为综合比较和单向比较。

综合比较是按事物的所有（或多种）属性所作的比较。单项比较是按事物的一种属性来进行的比较。单项比较是综合比较的基础，但只有综合比较才能实现把握事物本质的要求。因为在科学研究的过程中，需要对事物的各种属性都要加以考察，只有如此，才能把握事物的本质和规律。

（4）按比较的性质，可分成定性比较与定量比较。

任何事物都是质与量的统一，所以在科学研究的过程中既要把握事物的质，也要把握事物的量。这里所指的定性比较，就是通过对事物之间的本质属性进行比较来确定事物的性质。这里所指的定量比较，是指对事物的属性进行量的分析从而准确地认识事物的发展变化。定性分析与定量分析各有所长，在调查研究中需要追求两者的统一，既不能盲目地追求量化，因为很多事物并非能够量化，也不能没有一点数量观念，要做到心中有"数"，让数字来阐明。

（5）按时空的区别，可分为纵向比较与横向比较。

纵向比较就是时间上的比较，即比较同一种事物在不同时期的状态，以此来认识事物发展变化的过程，了解事物的发展规律。横向比较就是对空间上同时并存的事物的既定形态来进行比较。例如实验中的实验组与对照组的比较、同一时间内对各国政治制度的比较等都属于横向比较。在调查研究中，对一些较为复杂的问题，通常既要进行纵向比较，也要进行横向比较，只有这样才能较为全面地把握事物的本质及其发展规律。

2. 比较分析法的运用

进行对比分析时，可以单独地使用总量指标、相对指标或平均指标，也可以将它们结合起来进行对比。比较的结果可以用相对数表示，如百分数、倍数、系数等，这里所说的相对指标可以分别用于描述动态比较和静态比较的结果；也可以用相差的绝对数和相关的百分点（每1%为1个百分点）来表示，即将对比的指标相减。

（二）分析法和综合法

分析和综合是从感性认识上升到理性认识过程中两种最为基本的思维方法。分析法就是把事物分解为各个要素、各个层次，分别进行研究。就如同我们常提及的"解剖麻雀"的方法。所以当客观事物以感性整体的形式呈现在人们感官面前时，人们对它的认识总是较为直观的、笼统的、粗浅的。但是当人们用分析法把客观的事物分解为不同部分并对各个部分进行分别考察之后，特别是在找出组成事物的基础部分或本质方面之后，人们对客观事物的认识就会大大向前迈进。因此分析的过程，是思维运动从整体到部分、从复杂到简单的过程。

综合法是与分析法相对应的思维方法。就是在思维中把对客观事物的各个要素、各个部分、各个方面分别进行考察后的认识结合起来，然后在整体上加以考察的思维方法。分析不是目的，只有在分析的基础上通过综合形成客观事物整体的认识，才能达到思维的目的。所以综合法与分析法的过程相反，是从整体上把握事物多个方面的本质的方法。

实际上，分析法和综合法在调查研究的资料分析中是统一的。这是因为一方面，分析是基础，综合是目的，没有深入的分析就谈不上综合。另一方面，对不同方面进行分析，也是建立在对问题的综合认识的基础上的。每一个综合的认识，不仅是前一阶段分析的终点，也是后一阶段分析的起点。

（三）因果分析法

社会调查的目的就是通过研究社会现象之间的相互联系、相互影响去了解社会发展的规律。因此从理论上说明和解释社会现象，发现社会现象之间的因果关系，在社会调查研究中具有相当重要的意义。

两个变量之间的因果关系的确定，必须同时满足三个条件：一是变量之间必须相互联系，也就是在一个变量发生变化时，另一个变量也会随之发生变化。二是两个变量之间是一种单向的影响关系。比如就城市地理位置和人口规模来说，我们可以得知，地理位置在一定程度上可以影响城市的人口规模，但人口规模却不能影响城市的地理位置。三是必须确定两个变量之间的关系。所以，要深入地理解社会现象之间的因果关系，我们往往不能轻易地下结论。通常还需要引用一个第三变量来检验原来的两个变量之间的关系是否发生变化，以此来弄清和深化对原有关系的认识。比如，大学生就业问题是社会十分关注的一个问题。通过分析发现，大学生毕业的院校与大学生在今后就业发展中的成就呈相关性。但不能轻易就下结论，认为大学生受教育的院校会影响到他们日后就业的成就。还需要进一步地验证，还有哪些因素会影响学生日后成就。比如，学生的家庭经济情况以及社会地位的高低。这些因素也可能会影响上大学的院校，在现如今教育资源分配不平衡的情况下，很可能会对就业产生影响。如果有影响，那么就业的成功率到底是受到家庭经济情况以及社会地位的影响还是受到接受教育的院校影响。所以可以看出，对于社会现象之间的因果关系的确定是很困难的。我们只能说，通过这样一种方式，只是能够更深入地接近事物的本质。

因此，要判明社会现象之间的因果联系，还应该掌握以下几个要点：（1）因果关系是相对的。例如经济发展与社会建设之间的关系。经济发展的水平可以影响到社会建设，而社会建设同样也可以促进经济发展。两者之间是互为因果的、相互作用的。但是在一定的历史时期或在一定的地区，两者之间的因果关系是可以确定的。因此，对于不同的地区，经济社会发展的模式也是有所区别的。（2）因果之间关系是对称的、相当的。即社会性结果必然有社会性的原因，而不能仅仅用自然性的原因说明；特殊性的结果不能用普遍性的原因来解释。（3）因果之间的联系是多样的、特殊的。社会现象错综复杂，因果繁多，复合因果的现象也非常普遍。因此，对因果的分析一定要注意因果之间联系的多样性和特殊性，这样才能得出科学的结论。

总而言之，在对调查资料进行因果分析时，既不能仅仅是套用某种理论对客观事实作出牵强附会的解释，也不能只是依据经验和历史数据来对具体的现象作出表面且肤浅的说明和解释。应该坚持"具体问题具体分析"和"理论与实践相结合"的原则，既要详细地分析具体的现象在具体的条件、时间、场合下的各种表现和特点，也要注意探寻事物的本质和联系，从而概括出其内在的、必然的因果关系，最后上升到理性的认识。只有如此，调查出的结论才具有理论意义和现实意义。

（四）系统分析法

系统分析法简单来说就是用系统论的方法来分析调研资料。把社会现象看成一个系统来进行分析，这样就必须遵循系统的方法和原理。系统分析的方法主要有整体分析法、结构分析法和动态分析法。整体分析法要求我们必须把事物看作一个整体，即需要立足整体，从而在全局上加以把握。结构分析法则告诉我们系统的性质和功能不但取决于构成该系统的要素的性质和功能，而且取决于要素之间的结构。所以结构调整和优化是社会发展的一项重要课题。动态分析法则要求用发展的动态的视角来掌握社会的现象，避免用静止的思维模式看待问题。

具体来讲，系统分析法分析的重点包括四个方面：（1）分析系统构成的要素，必须要深入研究各个要素的特点，特别是要注重分析每个要素的独特的性质，与此同时，还要注意分析要素与系统之间的相对关系，从总体上把握要素的内涵和外延。比如，对社会结构的分析，必须要探索社会阶层的组成，以及各层次在整个社会系统中的比重、地位和各阶层之间的关系是怎样的。（2）要分析系统内在的结构。系统的构成不仅仅取决于要素，更重要的是取决于要素之间的结构方式。因此，把握社会系统的内在结构，才能从整体上把握社会系统的性质和功能。（3）要了解系统的整体性质和整体功能。这也是系统分析最基本的要求。（4）探寻系统的外部环境。比如，在经济的活动中，地区产业结构的形成与其他地区产业构成之间的相互关系、相互作用，与本地区政策环境、社会发展之间的相互影响等。

（五）综合评价法

运用多个指标对多个参评单位进行评价的方法，称为多变量综合评价方法，或简称为综合评价方法。其基本的思想是将多个指标转化为一个能够反映综合情况的指标来进行评价。如不同国家经济实力、不同地区社会发展水平、企业经济效益评价等，都可以应用这种方法。

综合评价法的特点有三个：一是在综合评价的过程中，一般要根据指标的重要性进行加权处理。二是评价过程不是根据逐个指标顺次完成的，而是通过一些特殊的方法根据多个指标的评价而同时完成的。三是评价结果不再是具有具体含义的统计指标，而是以指数或分值表示参评单位"综合状况"排序。

综合评价的要素主要有：

1. 评价者

评价者可以是某个人或是某团体。评价目的的给定、评价指标的建立、评价模型的选择、权重系数的确定都与评价者有关。因此，评价者在评价过程的作用是不能轻视的。

2. 被评价对象

随着综合评价技术理论的开展与实践活动，评价的领域也从最初的各行各业经济统计综合评价拓展到后来的技术水平、生活质量、小康水平、社会发展、环境质量、竞争能力、综合国力、绩效考评等方面。这些都能被看作被评价对象。

3. 评价指标

评价指标体系是从多个视角和多个层次来反映特定评价客体数量规模与数量水平的。它是一个"具体—抽象—具体"的辩证逻辑思维过程，是人们对现象总体数量特征的认识逐步深化、求精、完善、系统化的一个过程。

4. 权重系数

相对于某种评价目的来说，评价指标的相对重要性是不同的。权重系数确定得合理与否，关系到综合评价结果的可信程度。

5. 综合评价模型

所谓多指标综合评价，就是指通过一定的数学模型将多个评价指标值合成为一个整体性的综合评价值。

（六）矛盾分析法

矛盾分析法，就是运用矛盾规律（即对立统一规律）理论来分析社会现象的一种思维方法，也是我们认识事物、解决矛盾的根本方法。在调查研究中运用矛盾分析法，也就是说要坚持唯物辩证法之意，这是对调查研究的内在要求。矛盾分析法最主要的内容是：分析事物内部的对立和统一，认识事物发展的内因和外因，揭示矛盾的普遍性和特殊性。

1. 分析事物内部的对立和统一

唯物辩证法是一个完整的科学体系，其中对立统一规律是唯物辩证法的实质和核心。这是因为对立统一规律揭示了普遍联系的实际内容和永恒发展的内在动力。对立统一规律也是贯穿唯物辩证法其他的规律和范畴的中心线。矛盾分析法是最根本的认识方法，是否承认对立统一学说是唯物辩证法和形而上学对立的实质。

2. 揭示事物发展的内因和外因

揭示事物发展的内因、外因及其相互关系，是正确认识事物发展源泉或动力的根本方法。内因，即事物的内部矛盾；外因，即事物的外部矛盾。内因和外因在事物发展过程中的地位和作用是不同的。

3. 认识矛盾的普遍性和特殊性

唯物辩证法认为，矛盾既具有普遍性，又具有特殊性。矛盾的普遍性是指矛盾存在于一切事物的发展过程中，每一事物的发展过程中存在着自始至终的矛盾运动。矛盾的特殊性是指具体事物在其运动中的矛盾及每一矛盾的各个方面都有其特点。承认矛盾普遍性是坚持唯物辩证法的前提，矛盾分析方法是认识事物的根本方法。

总之，矛盾分析法是唯物辩证法的根本方法，其内容博大精深，非常丰富。从一定意义上说，特别是从应用角度看，我们可以把矛盾分析法简要地归纳为：一分为二分析法，内因外因分析法，具体分析法，普遍原理与具体实践相结合的分析方法。

（七）分类研究法

分类研究法，是指根据调查研究的目的及所调查研究事物的属性或特征的相同点和不同点，按照一定的标志将调查总体内所有的个案（资料）划分为一些性质相同或相近的类别，分别纳入某一层和组内，使之更加条理化、系统化，是对总体进行分门别类研究的方法。

分类研究法在实践中具有双重含义：一是科学分类本身就是一个分析的过程，是对各个因素逐个进行比较和研究的过程。二是在分类以后，在类与类之间进行对比、权衡，从而进行一类一类的研究，由各类到总体，由结构性功能到事物本质属性的分析过程。分类方法作为对客观事物的反映，也有一个从不甚深刻的本质分类到更深刻的本质分类这样一个逐步深化的过程。

（八）历史研究法

历史研究法是运用历史资料，按照历史发展的顺序对过去的事件进行研究的一种方法，也叫作纵向研究法，是比较研究法的一种形式。在政治学领域中，它着重对以往的政治制度、政治思想、政治文化等的研究。

几乎每个人都对过去发生的事有种天然的好奇心。广义上来讲，所谓历史就是过去所发生的一切史事。但历史研究法并不是对任何事进行研究，而是有所区别的研究。因此，历史研究法有属于自己特定的研究对象和研究范围。按照《辞海》的解释，广义的历史"泛指一切事物的发展过程，包括自然史和社会史。通常仅指人类社会的发展过程，它是史学研究的对象。在习惯上，关于历史的记述和阐释，也称为历史，即史学。史学是社会科学的一个部门，是研究和阐释人类社会发展的具体过程及其规律性的科学"。从此来看，历史的范围十分广泛。因此历史研究法应用的范围也十分广泛。它不仅应用于社会学科的领域，也应用于自然学科的领域，例如生物学研究、地理学研究等。只要是追根溯源，追溯事物的发展轨迹，探寻这些轨迹中的规律，就是在历史研究的范围内，也就不可避免地要运用历史研究法。简而言之，历史研究就是以过去为中心的研究，它通过对已经存在的资料的深入研究，找寻事实，然后利用这些资料去描述、分析和解释过去的过程，同时揭露现今存在并引发关注的一些问题，或者对未来进行预测。历史研究与其他定性研究一样，关注一个真实事件中的自然行为，它着重于解释在具体背景中的行为有何意义。但历史研究不同于其他研究的一点是，历史研究本身并不制造数据或事实，而是试图去发现正以某种形式存在的数据或事实。

三、定量研究概述

定量分析是通过对不同分析单位的特征作数量上的比较和统计的

分析，从而发现社会现象的性质和特征。在资料分析中最重要和应用最广泛的定量分析方法就是统计分析。它运用数理统计学的原理，通过相关的统计方法和技术对数据资料进行分析处理，研究社会现象的数量关系，为调研决策提供具体的数据支持。

（一）统计分析的作用和目的

在社会调查中，搜集的资料往往包括众多的分析单位，涉及大量的变量，而且变量之间的关系十分复杂。因此，处理并把握这些资料的本质特征，就需要进行必要的统计分析。统计分析的作用主要有：

第一，简化和描述数据。在社会调查中，搜集的数据资料通常十分庞大，不需要也不可能将每个样本的所有数据列出来，而是要用统计分析的方法将调查数据简化后，再对研究变量的自身特征作出清晰的描述。例如，当我们在比较两个地区的经济发展水平时，经常会用到人均 GDP 指数，就是通过对一个国家或地区的经济总量求取平均值，以此来精简和概括该地区的经济发展水平。

第二，描述和分析变量间的关系。调查研究最重要的目的就是发现事物之间的相互关系，统计分析为描述和分析变量间的关系提供了有效的手段。此外，我们还可以计算两个变量之间的相关系数，观察它们之间是否相关，是否存在因果关系，还可以引入更多的因素，来对变量之间的关系的真伪、成立的条件和内涵作进一步的分析，从而实现对社会现象的理解。

第三，通过样本资料可以推断总体。在抽样调查中，经常使用统计分析这一方式，因为统计分析可以通过相关的参数估计和统计检验等手段，将样本资料扩展到总体。这大大扩展了调查研究的范围，提高了调查的效率，使得研究可以深入进行。

（二）变量的测量层次

在统计分析中，样本的分布不同、变量的层次不同都会影响到我们对统计方法的选择。根据变量取值的特性，可以分为四个不同的变量层次。

定类变量是变量中层次最低的，它的取值只有类别属性之分，而没有大小、程度之分。它是对调查对象性质或类型的测量。比如，性别、居住地等变量就属于定类变量。从数学运算特性来看，定类变量只具有等于或不等于的性质，不能做加、减、乘、除等数学运算。

定序变量是对测量对象的次序或级别进行排序的测量。它的取值除了有类别属性之外，还有等级、次序的差别。比如，文化程度就是典型的定序变量。它的取值不但有类别的属性，还可以排出高低。它的数学运算特性除了具有等于或不等于之外，还有大于或小于之分。

定距变量不仅能反映社会现象的类别和顺序，而且能反映社会现象的数量状况，计算它们之间的距离。也就是说定距变量的取值，除了类别、顺序的属性外，取值之间的距离还可以用标准化的距离去量度。比如，收入300元比收入200元高，而且高于100元也是可以量度的。所以，定距变量的数学运算特性除了等于、不等于、大于、小于之外，还可以进行加减。

定比变量在大多数情况下与定距变量不进行严格区分。它是比定距变量层次更高的变量，它除了具有上述三种变量的属性外，其取值还可以构成一个有意义的比率。在数学运算特征上，定比变量不仅能进行加减运算，还可以进行乘除运算。

由此可得，按照变量层次从低到高的顺序，定类变量层次最低，随后是定序变量和定距变量，定比变量的层次最高。每一种变量都有适合其测量层次的统计方法。需要注意的是，高层次的变量可以降低为低层次的变量来使用，但是低层次变量却不能用高层次的统计方法。因此，在调查过程中总是按照高层次变量来收集资料，可以掌握更多的信息，在统计分析的时候做到游刃有余。比如，从收入来看，如果按照实际的数字填写就是定距变量，但如果分为高收入、中等收入和低收入来填写就变成了定序变量，这样就会丧失一些信息。

（三）描述性统计与推断性统计

描述性统计和推断性统计是统计分析的两个层次。描述性统计是指仅对样本数据进行分析而不涉及总体特征的统计方法。推断性统计分析，则是以概率论为基础，运用样本统计量推断总体的统计分析方法。但是并不是说所有的样本统计量都能够推断出总体，统计推断的理论基础是概率论，因此推断统计的前提是样本数据必须来自随机抽样调查，使得样本在理论分布上能够满足推断性统计的要求。所以在通过抽样调查来了解总体的时候，一般都会运用推断性统计。在这个意义上讲，描述统计是推断统计的基础和前提。只有在描述统计求出样本统计量的基础上，才能推断总体。推断统计则是描述统计的发展和目的，因为抽样调查的根本目的就是通过抽样的方法，实现经由样本了解总体的目的，必然要通过推断性统计来进行统计分析。

推断性统计有两种基本形式即参数估计与假设检验。参数估计是用具体的样本统计量来推断总体参数，而假设检验则是检验样本中的事实、关系在总体中是否也存在。所以如果要对样本中发现的问题或现象推断到总体，必须要经过假设检验，只有如此，才能说样本中发现的现象或规律可能在总体中存在。描述性统计分析也有不同的层次，它可以是单变量的统计分析，也可以是双变量的统计分析抑或是多变量的统计分析。

第二节　调查研究在实际中的运用

切实解决问题是搞好调研成果转化的根本目的。调查研究本身并不是根本目的，它的目的在于通过调研成果的转化和运用，指导工作实践，解决存在问题，取得成效。如何正确开展调查研究，实现调研成果的转化和运用，充分发挥调查研究及其成果在改革、决策和各项工作中的重要作用，是搞好调查研究的关键所在。

一、调查研究在解决实际问题中的重要性

实效是检验调查研究的根本标准。习近平总书记强调，"调查研究要注重实效，使调研的过程成为加深对党的创新理论领悟的过程，成为保持同人民群众血肉联系的过程，成为推动事业发展的过

程"① "要深入开展调查研究，摸清情况，找到症结，做到心中有数，不能拍脑袋决策，真正把功夫下到察实情、出实招、办实事、求实效上"②。随着中国特色社会主义进入新时代，我国将面临新的挑战和新的困境。各种社会、经济矛盾会日益凸显，劳动关系和分配方式会进一步多样化，迫切需要党员干部在实践中解决问题，发挥调查研究的实际效用。

（一）坚持以习近平新时代中国特色社会主义思想为指导，提高观察分析问题的能力

习近平新时代中国特色社会主义思想已经确定为我党今后工作的指导思想。这是调查研究必须坚持的一个指导方针，也是做好调研工作包括其他一切工作的思想武器。只有掌握这个思想武器，才能在错综复杂的情况下保持清醒的头脑，才能在政治上与党中央保持高度一致，才能学会用马克思主义的立场和观点观察社会，去分析问题的本质，抓住主要矛盾和矛盾的主要方面，了解事物发展的客观规律，得出正确的结论，从而有效地指导工作。

（二）充分认识调查研究求实效的性质，树立科学决策的观念

中国共产党成立100多年的历史已经表明，什么时候全党上下能

---

①《习近平谈治国理政》第三卷，外文出版社2020年版，第526页。

②《坚持新发展理念打好"三大攻坚战" 奋力谱写新时代湖北发展新篇章》，《人民日报》2018年4月29日。

够重视调查研究，工作指导方针只有符合客观实际，各项事业才能顺利发展，一旦党员干部忽视调查研究，就会导致主观与客观相脱离，就会给党和人民的事业带来损失甚至灾难。这充分说明了调查研究在解决问题中的重要性。

随着社会上新的情况层出不穷，面临新的挑战日益复杂的情况下，调查研究的对象、内容、范围、手段等都发生了新的变化，影响决策的因素也随之增多，决策的时效性也开始发生变化，这就需要党员干部更加重视和加强调查研究工作任何一项任务，增加调查研究的次数，及时和有效地推进调研成果转化，树立牢固的科学决策的观念，确保各项工作的正常有序地开展。

（三）正确把握调研成果的含金量，提高调研成果的实效性

调研成果能否及时有效地解决实际问题，很大程度上取决于调研成果自身的价值，即我们通常所说的含金量。在党政机关、企事业单位中，目前仍存在调研不深入、不细致、应付敷衍的现象，这些不良现象大大降低了调研成果的含金量，造成了决策者不了解实际情况而无法作出正确的决策。提高调研成果的实效性，就是要在调查研究的过程中，坚持和弘扬优良作风。一是深入的作风。既要身体力行，更要走进群众内心，真正地沉下去贴近群众，体会群众所思所想，虚心向群众求教，让群众说心里话。二是务实的作风。要体察实情，说真话，重实效，有喜报喜，有忧报忧。三是发扬艰苦的作风。党员干部要与群众同甘共苦，不能搞特殊化。四是发扬勤奋的作风。要做到脚勤、眼勤、口勤、手勤、脑勤，不能东搬西抄、敷衍了事，或者是请

他人提笔代劳。只有如此，才能摸清楚状况，对症下药，才能够提高调研成果的含金量，确保实际问题的有效解决。

二、调查研究在解决实际问题中的方法

衡量调查研究搞得好不好，不是看调查研究的规模有多大、时间有多长，也不是光看调研报告写得怎么样，关键要看调查研究的实效。调查研究的最终目的，就是要解决实际中的问题。从调查研究到问题解决，主要包括两个过程：一是把调研成果转化为领导的决策，二是把决策转化为实践，成为改造客观世界的现实力量，从而更好地解决实际中的问题。这两个转化过程体现了马克思主义认识论的基本观点，即实践—认识—再实践—再认识，循环往复的过程，感性认识上升到理性认识，并不断发展提高。这既是调查研究工作的根本目的所在，又是一项十分重要的工作环节和领导艺术。往往有这样的情况，有的人以为，只要进行实地调查，就能写出调查报告，向领导手里一交，或者登在报刊上，就算完成了调查研究的任务。但是实际上，深入调查研究，写出了一个比较好的调查报告只是第一步，这只是完成了从实践到认识的第一个过程而已，只是实现了从感性认识到理性认识的第一次飞跃。而把调查研究成果转化为领导的决策，再把决策转化为实践活动，这才是认识的第二次飞跃。这第二次飞跃，才是意义重大的一步。因为理性认识只有回到实践中去，才能变成群众的实际行动，才能达到调查研究的最终目标。党员干部要着力于将调查研究成果运用到改造客观世界的目的，与此同时，理性认识只有回到实践

中去，经受住实践的检验，才能证实它到底正确与否，才能在实践中得到充分的发展。所以实践既是调查研究的起点，又是调查研究的最终归宿。调查研究不仅要说明问题，反映社会实践，还要解决问题，推动实践的进行。如果调查研究成果不转变成领导的决策，不进行实践，那么即使调查报告写得再好，也没有用，还是不能解决最初的问题。因此调研者应该着力于将调研成果运用于实际问题的解决上。要把调查研究成果转化为领导的决策，再把决策转变为实践，必须从调查研究工作者和领导者两方面进行努力。

第一，要牢固地树立为决策服务的思想和实践第一的观点。调查研究是决策的基础，社会是不断发展变化的，社会经济生活出现了许多新的情况、新的矛盾，这就要求决策者要胸怀全局、立足长远、善于从宏观系统上和事物发展的整体趋势上谋划问题，从而才能驾驭局势，这需要决策者既要有高瞻远瞩、高屋建瓴的境界，又要有运筹帷幄、决胜千里的工作能力。而这种境界和能力的掌握，除了加强理论的学习，增强理性思辨能力外，还要把调查研究作为决策的基础，切忌坐井观天、鼠目寸光地看问题，更不能头痛医头、脚痛医脚、挖肉补疮式地作决策。

搞调查研究，写调查报告，是为决策服务的。这就要求调查研究工作者必须要有强烈的参与决策的意识，从决策的需要出发，站在决策者的角度来研究思考问题，并提出意见，紧贴党的中心工作进行调查，注意与领导工作相辅相成，真正抓到问题的本质。这样政府机关和领导干部才会感到调查研究是有用处的，就会更加重视和予以支持。决策调查，就是要把全局性、政策性、倾向性、超前性作为党员干部工作的方向，要及时地抓住对全局有影响的、重大的问题进行调查研究，提出符合全局发展的较为合理的意见。与此同时，局部地区、个别单位的问题，也要加以重视，但是不能损害整体利益。要以调查研究中的一些重大的、具有普遍意义的问题为对象，这样才能制定政策或者改正原来提出的意见和办法。解决一个政策性问题，通常会胜过解决许多具体的问题。当然这并不是意味着可以忽视群众那些迫切要求解决的实际问题。调查研究人员要善于及时了解并掌握事物发展的状态和变化的趋势，抓住带有苗头性的重要问题，从而加以认真的分析研究，得出具有普遍意义的结论，这样才能帮助领导正确地判断形势，驾驭局势。对某些影响全局的重大问题，要进行相对超前的分析研究，预测其发展的趋势和可能出现的问题，最后要拿出科学的解决方案，以此来增强决策的科学性和主动性。

调查研究要为决策服务，作为调研工作者必须有强烈的参与决策、服务决策的意识，善于从决策的角度需要出发，站在决策者的角度提出问题，并研究问题。由于目前民主、科学的决策程序还不够规范，在调研工作中也确实存在着调研与决策相脱离的不良现象。有的调研者为调研而调研，不考虑决策的需要是什么，也不领会决策者的真实意图，而是搜集社会经济生活的那些离奇、古怪的现象，以拼凑一篇调研文章在报刊发表为目的，期待产生所谓的轰动效应。有的则是为讨好领导而进行调研，到处寻找能够彰显政绩的素材，东拼西凑成一份典型的经验性材料，以求个人的名利双收。其实服务决策的调查研究就是要及时地了解事物发展的状态和变化的趋势，抓住带有苗头性的问题，对此加以认真的分析研究，只有如此，才能得出具有普遍意义的结论，帮助决策者正确判断形势和社会发展情况。

第二，要强化科学决策和民主决策的意识。在通过调查研究解决实际问题的过程中，领导者起着决定性的作用。担负领导工作的党员干部要善于把调查得来的有用资料加以提炼和归纳，认真进行分析研究，作出正确的决策，并付诸实践。一般来说，一份好的调查报告总是能够比较及时地反映实践中出现的新问题和新经验。领导干部应该重视调查研究的成果，并把它合理地作为自己已经了解的情况，在此基础上去研究问题并形成决策，最后将它变为指导工作的重要参考依据。党员干部还要鼓励调查研究人员坚持从实际出发，大胆地发表自己的意见。要创造一种平等、民主讨论问题的气氛，这对于新认识的出现和不同见解的产生有重要意义，与此同时还要注意倾听，细心地研究，要做到谁的意见对，就听谁的。此外，还要十分重视和发挥调研者的参谋和助手作用，这样才能扩大自己的视野，矫正党员干部自己的判断误差，从而不断补充和修正自己的决策思想并增强科学决策、民主决策的意识，真正做到"情况明，决心大，方法对"。调查研究工作者也要及时地、经常地向领导机关和领导干部反映调查研究中得来的最新的情况、典型的经验以及解决问题的意见办法等；要从党和人民的根本利益出发，不断地向领导和上级反映情况，要不怕麻烦，坚持以实际为准的原则。在形成决策的过程中，只有提出多种方案，经过反复论证，进行反复比较，权衡利害得失，才能为领导决策提供最优的方案。

由此可见，调研成果在解决实际问题中，决策者在这里起着决定性的作用。离开决策需要的调研是徒劳的，离开调研的决策则是盲目的。调查研究是决策的基础，作为决策者就是要善于对调查成果加以提炼、归纳，全面分析研究，从中找出决策的依据。而那些优秀的调查研究成果之所以可以作为决策的依据，可以变为决策的一部分，就是因为它不仅仅满足于情况的归类、问题的提出，更可以及时地、准确地反映实践中出现的新问题、新经验，并能从实际出发，对实践中已经出现的和可能出现的问题进行高层次、多角度的分析，进行反复论证、反复比较、权衡得失，最后提出各种决策的预案，使决策者通过调研成果拓展自己的视野、矫正判断误差、修正决策思想，最终作出正确的决策。

第三，要促使决策转化为实践活动。把决策转化为实践活动，首先必须广泛向群众进行宣传，使之变为干部和群众的共同认识。群众只有了解了领导的意见和主张，明确了决策及其实施的方案，才能自觉地去实行。领导决策的实施是一项重要而又艰巨的任务，需要党委和政府组织有关负责部门乃至全社会来一起实施。有些重大决策的实施，通常不是一步就能完成的，它还要经过典型试验，在取得经验后，才能逐步地推广下去。经过试验的决策，既可以为之后大规模的群众实践提供具体的经验，也可以避免一些不必要的失误，是保证各项工作顺利开展、获得成功的必要一环。在组织实施决策的过程中，党员干部要加强督促、检查，从而使决策落到实处。除了领导机关和领导干部要检查、督促，业务部门和调查研究部门也要加强督促、检查。搞调查的同志，不能认为调查是自己的事，落实是别人的事，不大注意调研成果在实践中的应用和推广。调查研究人员有责任同实际工作部门密切配合，一起来抓调研成果的应用和推广，研究和制定落实的措施与方案。现在很多事情落而不实，这是领导决策过程中的一个薄弱环节。因此，一定要在抓落实、求实效上下功夫，使决策真正变为实践活动。

调查研究成果转化为决策内容后，这还没有达到调查研究的目的，只有使决策运用于实践并接受实践的检验，真正解决实际中的问题后才算完成调查研究的整个过程。党员干部必须从思想上认识到，调查研究是认识—实践—再认识—再实践的过程，产生的调研成果从实践中来，还必须要再回到实践中去。进行的调查研究只是形成了调查报告、产生了决策预案，并没有完成调查研究、服务决策的全过程。只有将根据调研成果形成的决策内容付诸实践后，再从实践中反馈新的情况、新的问题，才能算是完成了某项调查研究任务，才能算是服务某项决策的全过程。

由此可见，重大决策的实施，往往不是一蹴而就的，它需要经过典型试验，取得经验后，才能逐步推广，最后再修正决策中的偏差并不断补充完善决策的过程。这个过程既要避免那些可以避免的失误，又是取得成功的必要一环，因此就更加需要调查研究贯穿于整个过程。与此同时，调查研究不仅要在决策之前就进行，为科学决策提供可靠的依据，还要注重对决策的实施情况进行不断的跟踪，这样才能及时地发现典型，总结经验，全面推广。此外，还要及时地发现决策实施中存在的问题，有针对性地帮助决策者纠正错误，这样才能使决策更加符合客观的实际，以至实施决策的成效会更加显著。这些根据调研成果形成的决策内容运用于实践的过程，实际上就是调研成果解决问题的过程。

三、推动调查研究成果的实施

抓住解决问题的关键，明确调查研究的方向。调查研究要紧紧围绕热点、难点和重大现实问题展开。这是调查研究的生命力和活力之所在，也是调研成果转化的重要指标和方向。所以，调研者要努力增强马克思主义的政治敏锐性和洞察力，坚决站在马克思主义的立场上，善于发现社会中的问题，勇于面对错综复杂的情况，勇于面对已经出现的社会矛盾和难点以及热点问题，持之以恒地去寻找解决问题的途径和办法。尤其是要善于去抓住那些带有苗头性和倾向性的问题，善于去抓住那些当务之急的问题，要深入调查，认真进行研究。要围绕重大课题搞调研，围绕已经出台的政策抓调研，围绕成果转化促进调研，及时产生一批有分量的、具有指导全局作用的、能产生巨大社会效益和经济效益的调研成果以及能够与之共生的办法、决定和意见，这样才能有效地解决实际问题，推动全局工作的顺利开展。

抓真实，是调查研究在解决实际问题中的基础。解放思想，实事求是，是我们党始终坚持的思想路线，也是调查研究的根本指导思想。实事求是进行调研，要注重"六性"，做到"四不"。"六性"即注重调查范围的广泛性、调查课题的超前性、调查研究的科学性、调查对象的层次性、调查内容的真实性、调研建议的可行性。"四不"即不唯上、不唯己、不唯书、不唯众。要解放思想，不断地更新自己的观念，善于用新的思维方式和研究手段，从新的角度研究问题，提出解决问题的新思路和新办法，创造性地推进工作的展开。

抓时效，缩短从调查研究到解决问题的周期。时间就是金钱，时间就是生命。随着各级机关、各行各业工作效率的提高，领导决策的时效性也在不断地增强。所以调研工作者要不断增强紧迫感、责任感。调查研究必须要适应形势的发展，必须要在时效性上下功夫，这样不仅可以提高各级机关党委的工作效率，还可以减轻基层的负担。

第三节 加强组织领导是做好调查研究的根本保证

经过事实证明，任何一项工作要有所发展，都离不开调查研究，而组织工作更是如此。从一定意义上来讲，调研工作的好坏决定着整个组织工作水平的高低，而调研成果的质量决定着组织工作的成效。尤其是中国特色社会主义进入新时代后，各种矛盾和问题不断出现，如果党员干部不重视调查研究，不深入调查研究，就很难找到有效的解决办法。所以加强对调研工作的组织领导，是取得高质量、高层次的调研成果的根本保证，更是解决实际问题的根本保证，也是提高整个组织工作水平的重要途径和方法。

一、提高调查研究实效性的有效机制

改革、创新和决策都离不开调查研究，调查研究又需要一支作风强硬、素质较高的调研队伍。但从实际情况来看，社会上还没有完全

摆脱传统思维模式的工作套路，指令性、行政化的倾向还尚未克服，有些党员干部还是习惯于上面布置什么就干什么，发现了什么问题才解决什么问题，使调查研究和决策管理处于十分被动的局面，缺乏一种超前意识，缺乏一支为决策服务的专职的调研队伍和一种与形势发展相适应的科学决策的管理体制。所以这就揭示了，现在的调研工作实质上是由一些各自的分管部门针对暴露问题进行事后调研，这样不利于正确调研成果的产生，更不利于领导干部的科学决策。所以为了适应市场化的需要，现在迫切需要改变调查研究的传统的工作模式和工作方法，需要建立一支以研究政策、开发市场、制定规划、发现问题、调查研究、寻求对策、服务决策为主要职能的专兼职结合的调研队伍和相应的科学的决策管理机构，由此，才能不断地提高调查研究的实效性，推动各项工作的健康开展。

二、制定制度，形成有效的转化激励机制

目前，对调查研究的管理、考核和奖励，缺乏行之有效的管理制度和良好的舆论氛围，存在着实用主义的倾向。调查研究是一项艰苦而复杂的创造性劳动，其劳动成果对解决存在问题、推动社会发展具有十分重要的作用。因此，在实际工作中，党员干部不仅要尊重调研者的成果，大兴调研之风，建立一支能干的调研队伍，而且要建立与决策管理相配套的课题承包制度、成果转化制度、评比奖励制度、责任追究制度，不断增强调研成果的预见性、超前性、主动性和适应性，形成以氛围促转化、以制度保转化、以奖励推转化的激励机制。

三、紧抓决策，形成畅通的成果转化通道

目前，一种是探讨性的调研，一种是务实性的调研。前者主要侧重于理论探讨、未来预见和现状分析，后者则侧重于对发生问题的解决和出台政策前的摸底。在解决实际问题的过程中，决策者往往对务实性的调研成果感兴趣，对探讨性、预见性、分析性的调研成果则不感兴趣。市场经济的发展和决策风险性的加大，使探讨性、预见性、分析性调研成果显得尤为重要。因此，党员干部要抓住调研成果在解决实际问题中的薄弱环节，不断提高决策者的素质，树立科学决策的观念，建立调研队伍和调研机构，形成一个从人员到机构、从课题到调研、从成果到转化、从决策到实施都畅通无阻的成果转化通道，使调查研究真正地成为谋事之基、成事之道，成为解决问题、推进工作的基本方法和有效途径。

四、党员干部提升调研能力的途径

调查研究是了解实际情况、作出正确决策以及做好工作的重要前提，没有调查就没有发言权，没有调查研究就更加没有工作的主动权。所以要做好调查研究，就必须要提升调查研究的能力。所以我们的党员干部尤其是领导干部必须努力提升自己的调查研究能力。

（一）端正调查研究的态度

党员干部下基层去调研，大部分人都能够发扬党的好作风、好传统，了解下基层所需的要领，可以更好地开展工作。但是也不能否认，有些干部在下基层的时候，仍然存在下基层不深入、不扎实的不良现象。所以这就要求党员干部端正自己的调查研究的态度。"脚下沾有多少泥土，心中就沉淀多少真情。"态度问题是做好一切工作以及解决好一切问题的关键，开展调查研究首先就要端正好自己的态度，拉近与群众之间的距离，从而增进同群众的感情。只有深入基层，深入实际，深入群众，与百姓进行广泛的交流，才能了解群众所思、所想。只有如此，调查研究才能更加深入、更加真实、更加有效。

（二）加强理论学习

光有调查研究，没有理论的指导，调查研究的方向就会找不对，也会找不准重点；把握不好调查研究的方法，最终就不会得出有效的调查研究成果。理论学习和能力的提升是相辅相成且密不可分的。这要求党员干部必须加强理论方面的学习，特别是要加强对马克思主义基本理论的学习，提高自己在观察、判断、分析和综合研究方面的能力，自觉地站在马克思主义的立场、观点和方法上进行调查研究，要善于透过现象看本质，善于总结实践经验，从中把握规律性的东西，从而找准解决问题的关键。

(三) 树立求真务实的工作作风

求真务实是辩证唯物主义和历史唯物主义一直以来贯彻的科学精神，是我们党思想路线和作风建设的核心内容，也是共产党人必备的政治品格。作为党员干部，我们必须改进工作作风，只有求真务实的作风才能确保调查研究的质量和实效。

(四) 搭建开展调查研究的平台

平台，泛指进行某项工作所需要的环境或条件。在现如今，世界的发展先进程度已远胜于昨日，技术的发展使平台一词有了更为广泛的含义，扩充了平台的范围。例如，调研平台、信息平台、建筑平台等。平台就是一个舞台，是人们进行交流、交易、学习的具有很强互动性质的舞台，它的作用很重要，所以一定要搭建好开展调查研究的这个大平台。

(五) 锻炼基层调研能力

党员干部的基层调研能力是提高调查研究成果的重要途径和方法。调查研究重在深入基层，深入实际，深入群众，广泛地听取基层和人民群众的反映和意见，了解事物发展的规律。当前，党员干部的调查研究对那些比较普遍的问题的深入还不够，基层调研能力存在不足，因此很难探寻民情民意，也就很难摸清和了解到真实情况。这就要求党员干部时刻锻炼自己的基层调查研究能力，更要有效锻炼自己的基层调研能力。

（六）拓展综合分析能力

在目前的调查研究工作中，那些深层次的、有分量的调查研究成果还不够多。有些调查研究报告，只是就事论事，综合分析还不是很充分；对微观问题研究多，但对宏观问题的研究还不够；研究具体的问题虽然有一定的深度，但还不能很好地将它们联系起来进行整体思考、进行思路性研究。事物之间本来就是相互联系的，辩证法就是关于联系的理论。如果只是片面地、孤立地、静止地去分析问题，那么得出的结论就不能符合事物发展的客观规律，根据此作出的决策就不能符合实践的需要。因此党员干部在调查研究的工作中，需要在大量汇集资料、掌握实际情况的基础上，加强自己的综合分析能力。

综合分析，就是指将占有的材料继续进行"去粗取精、去伪存真、由此及彼、由表及里"的加工制作。由此及彼，就是横向比较和综合；由表及里，就是纵向比较和综合。通过将横向比较和纵向比较综合起来，把所研究的对象放在一个整体和系统中，对其内在矛盾的运动、变化及其各方面的互相联系进行观察，就容易得出调查研究之前没有意料到的许多有用的结论，从而把握事物的本质，保证决策的科学性。

（七）提高撰写调研报告的能力

调研报告具有很强的指导性和工具性，对社会实践有着重要的指导意义。调研报告体现了一个党员干部的学识水平与写作能力。党员干部应当对收集的材料加以综合研究，认真分析鉴别，勤思考，多练笔，从各方面加以培养、训练，提高自身的撰写调研报告能力。

关于在全党大兴调查研究的工作方案

（中共中央办公厅 2023 年 3 月印发）

为深入学习贯彻习近平新时代中国特色社会主义思想，全面贯彻落实党的二十大精神，党中央决定，在全党大兴调查研究，作为在全党开展的主题教育的重要内容，推动全面建设社会主义现代化国家开好局起好步。现制定如下工作方案。

一、重要意义

调查研究是我们党的传家宝。党的十八大以来，以习近平同志为核心的党中央高度重视调查研究工作，习近平总书记强调指出，调查研究是谋事之基、成事之道，没有调查就没有发言权，没有调查就没有决策权；正确的决策离不开调查研究，正确的贯彻落实同样也离不开调查研究；调查研究是获得真知灼见的源头活水，是做好工作的基本功；要在全党大兴调查研究之风。习近平总书记这些重要指示，深刻阐明了调查研究的极端重要性，为全党大兴调查研究、做好各项工作提供了根本遵循。

当前，我国发展面临新的战略机遇、新的战略任务、新的战略阶段、新的战略要求、新的战略环境。世界百年未有之大变局加速演进，不确定、难预料因素增多，国内改革发展稳定面临不少深层次矛盾躲不开、绕不过，各种风险挑战、困难问题比以往更加严峻复杂，迫切需要通过调查研究把握事物的本质和规律，找到破解难题的办法和路径。在全党大兴调查研究，是深入学习贯彻习近平新时代中国特色社会主义思想、感悟这一重要思想的真理力量和实践伟力的必然要求，是深刻领悟"两个确立"的决定性意义、坚决做到"两个维护"的具体实践，是应对新时代新征程前进路上的风浪考验、推进中国式现代化的有力举措，是时刻保持解决大党独有难题的清醒和坚定、回答"六个如何始终"的现实需要，是转变工作作风、密切联系群众、提高履职本领、强化责任担当的有效途径。

二、总体要求

在全党大兴调查研究，要坚持以习近平新时代中国特色社会主义思想为指导，全面贯彻落实党的二十大精神，紧紧围绕党的理论和路线方针政策、党中央重大决策部署的贯彻执行，大力弘扬党的光荣传统和优良作风，突出问题导向和目标导向，促进广大党员、干部特别是领导干部带头深入调查研究，不断深化对党的创新理论的认识和把握，善于运用党的创新理论研究新情况、解决新问题、总结新经验、探索新规律，扑下身子干实事、谋实招、求实效，使调查研究工作同中心工作和决策需要紧密结合起来，更好为科学决策服务，为提高党的执政能力和领导水平服务，为完成新时代新征程的使命任务服务。

在全党大兴调查研究，必须坚持党的群众路线，从群众中来、到群众中去，增进同人民群众的感情，真诚倾听群众呼声、真实反映群众愿望、真情关心群众疾苦，自觉向群众学习、向实践学习，从人民的创造性实践中获得正确认识，把党的正确主张变为群众的自觉行动。必须坚持实事求是，坚守党性原则，一切从实际出发，理论联系实际，听真话、察实情，坚持真理、修正错误，有一是一、有二是二，既报喜又报忧，不唯书、不唯上、只唯实。必须坚持问题导向，增强问题意识，敢于正视问题、善于发现问题，以解决问题为根本目的，真正把情况摸清、把问题找准、把对策提实，不断提出真正解决问题的新思路新办法。必须坚持攻坚克难，发扬斗争精神，增强斗争本领，勇于涉险滩、破难题，知难而进、迎难而上，把调查研究成果转化为推进工作、战胜困难的实际成效。必须坚持系统观念，深入实际、深入基层、深入群众调查了解情况，把握好全局和局部、当前和长远、宏观和微观、主要矛盾和次要矛盾、特殊和一般的关系，前瞻性思考、全局性谋划、整体性推进党和国家各项事业。

三、调研内容

在全党大兴调查研究，要紧紧围绕全面贯彻落实党的二十大精神、推动高质量发展，直奔问题去，实行问题大梳理、难题大排查，着力打通贯彻执行中的堵点淤点难点。各级党委（党组）要立足职能职责，围绕做好事关全局的战略性调研、破解复杂难题的对策性调研、新时代新情况的前瞻性调研、重大工作项目的跟踪性调研、典型案例的解剖式调研、推动落实的督查式调研，突出重点、直击要害，结合实际确定调研内容。主要是12个方面。

1. 贯彻落实党中央决策部署和习近平总书记对本地区本部门本领域工作重要指示批示精神的主要情况和重点问题。

2. 贯彻新发展理念、构建新发展格局、推动高质量发展中的重大问题，推进高水平科技自立自强，扩大国内需求、深化供给侧结构性改革、建设现代化产业体系、落实"两个毫不动摇"、吸引和利用外资，全面推进乡村振兴中的主要情况和重点问题。

3. 统筹发展和安全，确保粮食、能源、产业链供应链、生产、食品药品、公共卫生等安全，防范化解重大经济金融风险中的主要情况和重点问题。

4. 全面深化改革开放中的重大问题，重要领域和关键环节改革、推进高水平对外开放中的主要情况和重点问题。

5. 全面依法治国中的重大问题，完善中国特色社会主义法律体系、推进依法行政、严格公正司法、建设法治社会等主要情况和重点问题。

6. 意识形态领域面临的挑战，推进文化自信自强、建设社会主义文化强国和新闻舆论引导、网络综合治理中的主要情况和重点问题。

7. 推进共同富裕、增进民生福祉中的重大问题，巩固拓展脱贫攻坚成果、缩小城乡区域发展差距和收入分配差距的主要情况和重点问题。

8. 人民最关心最直接最现实的利益问题，特别是就业、教育、医疗、托育、养老、住房等群众急难愁盼的具体问题。

9. 牢固树立和践行绿水青山就是金山银山理念方面的差距和不足，推进美丽中国建设、保护生态环境和维护生态安全中的主要情况和重点问题。

10. 维护社会稳定中的重大问题，防灾减灾救灾和重大突发公共事件处置保障短板，处理新形势下人民内部矛盾和强化社会治安整体防控的主要情况和重点问题。

11. 全面从严治党中的重大问题，落实党的领导弱化虚化淡化、党组织政治功能和组织功能不够强，干事创业精气神不足、不担当不作为，应对"黑天鹅"、"灰犀牛"事件和防范化解风险能力不强，形式主义、官僚主义，特权思想和特权行为等重点问题。

12. 本地区本部门本单位长期未解决的老大难问题。

四、方法步骤

在全党大兴调查研究，分为 6 个步骤。

（一）提高认识

各级党委（党组）要通过理论学习中心组学习、读书班等，组织党员、干部深入学习领会习近平总书记关于调查研究的重要论述，学习习近平总书记关于本地区本部门本领域的重要讲话和重要指示批示精神，继承和发扬老一辈革命家深入基层调查研究的优良作风，增强做好调查研究的思想自觉、政治自觉、行动自觉。

（二）制定方案

各级党委（党组）要围绕调研内容，结合本地区本部门本单位实际，广泛听取各方面意见，研究制定调查研究的具体方案，明确调研的项目课题、方式方法和工作要求等，统筹安排、合理确定调研的时间、地点、人员。党委（党组）主要负责同志要亲自主持制定方案。

（三）开展调研

县处级以上领导班子成员每人牵头1个课题开展调研，同时，针对相关领域或工作中最突出的难点问题进行专项调研。要坚持因地制宜，综合运用座谈访谈、随机走访、问卷调查、专家调查、抽样调查、统计分析等方式，充分运用互联网、大数据等现代信息技术开展调查研究，提高科学性和实效性。要深入农村、社区、企业、医院、学校、新经济组织、新社会组织等基层单位，掌握实情、把脉问诊，问计于群众、问计于实践。要转换角色、走进群众，了解群众的烦心事操心事揪心事，发现和查找工作中的差距不足。要结合典型案例，分析问题、剖析原因，举一反三采取改进措施。要加强督查调研，检查工作是否真正落实、问题是否真正解决。

（四）深化研究

全面梳理汇总调研情况，运用习近平新时代中国特色社会主义思想的世界观、方法论和贯穿其中的立场观点方法，进行深入分析、充分论证和科学决策。特别是对那些具有普遍性和制度性的问题、涉及改革发展稳定的深层次关键性问题，以及难题积案和顽瘴痼疾等，要研究透彻、找准根源和症结。在此基础上，领导班子交流调研情况，研究对策措施，形成解决问题、促进工作的思路办法和政策举措，确保每个问题都有务实管用的破解之策。

（五）解决问题

对调研中反映和发现的问题，逐一梳理形成问题清单、责任清单、任务清单，逐一列出解决措施、责任单位、责任人和完成时限。对短期能够解决的，立行立改、马上就办。对一时难以解决、需要持续推进的，明确目标，紧盯不放，一抓到底，做到问题不解决不松劲、解决不彻底不放手。

（六）督查回访

各级党委（党组）要建立调研成果转化运用清单，加强对调研课题完成情况、问题解决情况的督查督办和跟踪问效；领导干部要定期对调研对象和解决问题等事项进行回访，注意发现和解决新的问题。

五、工作要求

（一）加强组织领导

各级党委（党组）要高度重视调查研究工作，作出专门部署，科学精准做好方案设计、过程实施、监督问效等各个环节工作。党委（党组）主要负责同志负总责，抓好本地区本部门本单位调查研究的推进落实；班子其他成员各负其责，抓好分管领域和分管单位的调查研究工作。领导干部要带头开展调查研究，改进调研方法，以上率下、作出示范。

（二）严明工作纪律

调查研究要严格执行中央八项规定及其实施细则精神，轻车简从，厉行节约，不搞层层陪同。要采取"四不两直"方式，多到困难多、群众意见集中、工作打不开局面的地方和单位开展调研，防止嫌贫爱富式调研。要加强调研统筹，避免扎堆调研、多头调研、重复调研，不增加基层负担。要力戒形式主义、官僚主义，不搞作秀式、盆景式和蜻蜓点水式调研，防止走过场、不深入。要在调查的基础上深化研究，防止调查多研究少、情况多分析少，提出的对策建议不解决实际问题。对违反作风建设要求和廉洁自律规定的，要依规依纪严肃问责。

（三）坚持统筹推进

对表现在基层、根子在上面的问题，对涉及多个地区或部门单位的问题，上下协同、整体推动解决。统筹当前和长远，发现总结调查研究的有效做法和成功经验，完善调查研究的长效机制，使调查研究成为党员、干部的经常性工作，在全党蔚然成风、产生实效。

（四）加大宣传力度

充分利用党报、党刊、电视台、广播电台、网络传播平台等，采取多种多样的宣传形式和手段，大力宣传大兴调查研究的重要意义和各地区各部门各单位大兴调查研究的具体举措、实际成效，凝聚起大兴调查研究的共识和力量，营造浓厚氛围。

调查研究是我们党的优良传统，是学习贯彻习近平新时代中国特色社会主义思想主题教育的重要内容，也是习近平总书记对全党同志的一贯要求。习近平总书记多次强调调查研究的极端重要性，指出："调查研究是我们党的传家宝，是做好各项工作的基本功。"调查研究对于党员干部来说，是重要的领导方法和工作方法，是党员干部整体素质和能力的一个重要组成部分。毛泽东提出的"没有调查，没有发言权"这一至理名言，声犹在耳。党的历代中央领导人，都是调查研究的积极倡导者和务实践行者，调查研究成为中国共产党人干事创业的"传家宝"、事业成功的重要秘诀。党的十八大以来，习近平总书记把调查研究作为做好领导工作的一项基本功，发出了大兴调查研究之风的号召，创新性提出了调查研究能力的科学概念、重大意义和丰富内涵，为广大党员干部做好调查研究工作提供了基本遵循。

调研开路是新时代以习近平同志为核心的党中央治国理政的鲜明特性。面对社会主要矛盾的转化，面对人民群众的现实问题，调查研究仍然是新时代中国共产党人发现问题、分析问题、解决问题的重要法宝。时代变迁赋予调查研究的全新挑战，要根据人民需求的变化，调整调查模式和研究重点，确保方向正确。时代责任明确调查研究的问题导向，针对新时代出现的新问题开展调查，才能提高成效。时代特征注定调查研究要着眼未来。"人民除了物质文化生活需求，在民主、法治、公平、正义、安全、环境等方面的要求也日益增长。"这意味着调查研究不仅要立足解决当下群众的难点、热点，还要着眼分析社会的发展、群众的期待，从而应对人民日益增长的需求和日趋复杂的社会。

习近平总书记关于调查研究的重要论述，站在事关党长期执政、国家长治久安、人民幸福安康的高度，深刻阐明了开展好调查研究的重大理论和实践问题，贯穿着习近平新时代中国特色社会主义思想的世界观和方法论，蕴含着马克思主义的立场观点方法，为全党大兴调查研究、做好各项工作提供了根本遵循。

2023 年 3 月，中共中央办公厅印发了《关于在全党大兴调查研究的工作方案》，决定在全党大兴调查研究，并将其作为在全党开展学习贯彻习近平新时代中国特色社会主义思想主题教育的一项重要内容。我们编辑出版了《如何做好调查研究》这本书，紧紧围绕习近平总书记关于调查研究能力的重要论述，按照什么是调查研究能力、为什么提高调查研究能力、怎样提高调查研究能力的逻辑展开阐释，以期对广大党员干部提升调查研究能力有所启发，有所帮助。在本书撰写过程中，我们借鉴和引用了学术界有关调查研究的资料和研究成果，在此，我们表示诚挚的感谢。我们还要感谢出版社的支持和编辑的辛勤付出。受时间和研究水平所限，本书存在的问题和不足之处，请读者朋友们批评指正。

2023 年 6 月